大千圖說

第一輯 第29册 大千圖說 附錄 第2種

(新編)大千圖說目錄

中卷

下界目錄

神童江希張君著

大千圖說

煙台誠文信書坊印行

神童江希張山東歷城江明經鍾秀子也生有異秉一二歲而識之無三四歲能弄翰墨五六歲能註釋經書不費思索下筆千言且可譯成外國文字旁及四體書法醫卜末技亦不學而精至道佛耶回各教經典皆能解註其奧即最近時務科學諸書亦可解其大意非有宿慧曷克如斯歷蒙陳筱圃宗師孫慕韓中丞唐春卿尚書面試優獎並蒙康南海李佳白陳重遠柯定礎諸先生許為奇才此影為九歲時所攝已著有論孟白話論孟解說及息戰論諸書餉世並擬定萬國道德會章程見者無不感動以為息爭之良劑茲編闡明性與天道之幾微尤為救正人心之大本爰以現身公諸有緣並誌概畧于此

中華民國七年二月時神童十有二歲　濟南逸林柴雲鵬也愚氏敬識

江神童希張九歲肖像

重刊大千圖說序

自民國五年春。江神童大千圖說一書行世。凡見者莫不心為之懾。神為之震。目為之瞪不能瞬。舌為之撟不能下。駭焉怪焉驚焉疑焉。以為何離離奇奇。神出鬼沒之竟至於斯耶。豈知三千大千世界多至恆河沙數不可思議。江童不過特舉其一隅。以引人入勝耳。其三隅之恆河沙數不可思議三千大千世界尚待閱者之自反自悟自得自證。固無用其駭怪驚疑為也。所以然者。以至神至奇者。原本於至平至常。恆河沙數不可思議之三千大千世界。求之吾性量固已足矣。吾性量原包乎恆河沙數不可思議三千大千世界之外。能充滿吾之性量。則恆河沙數不可思議三千大千世界。皆在目前。孟子云。萬物皆備於我。反身而誠。樂莫大焉。子思云。惟天下至誠。為能盡其性。能盡其性。則能盡人之性。能盡人之性。則能盡物之性。能盡物之性。則可以贊天地之化育。可以贊天地之化育。則可以與天地參矣。夫萬物皆備於我則不待外求矣。盡性而能贊化育。參天地則太虛中恆河沙數三千大千世界。自無不見聞知能矣。昔釋迦成道。歎曰。奇哉奇哉。大地一切含靈。皆有金剛法性。特以妄想遮着。不能證得。是吾人不克見聞知能恆河沙數三千大千世界。特為妄想遮蔽耳。倘能袪其妄想。無明種斷。吾性量已超恆河沙數三千大千世界範圍而上。又何不克見聞知能哉。不然。驚其神而不驚其平。蔡其奇而不修其常。倘所謂葉公好龍者非耶。況江神童旣已明白示人。人身亦有三千大千世界矣。欲知在外之無量無邊三千大千世界。當先知在內之三千大千世界。在內之三千大千世界旣能知之。在外之無量無邊三千大千世界。不求知而自無不知。要在返觀吾性而已矣。要在返觀吾性光充足發現時而得之矣。吾性光發現時。圓明洞徹橫盡虛空。竪盡來劫。三千大千無量無邊色色形形世界。一一統攝於吾性光中。吾之聰無不聞。吾之明無不見。吾之睿無不能。吾之知無不知。範圍天地而不過。曲成萬物而不遺。反無極之真。造畫前之易。此即神童所謂超乎三界以上。越乎五行以外。陰陽不能束縛。造化不能驅遣。萬劫不壞。永免輪迴。儒謂聖神。道謂金仙。釋謂菩提。耶謂聖子。回謂欽使。有志之人。必修到此地方能止步也。竊聞此書脫稿後。為韓某所盜去。嗣北京道德學社聞而惜之。請重握管謄出。較原稿十去其五。共分上中下三卷。每一說後繪一圖。朗若列眉。且上卷有三說。以開始。中卷有三說。以握樞。下卷有三說。以結終。前後井然。有條不紊。誠善本也。道德學社。以本社自有鉛印。取各說裝成三卷。將各圖抽出。另訂一冊。

付石印家。原為省費計。閱者恆苦不便焉。毋亦此書窺天地之密秘。故中間歷諸波折。而不欲以全豹示人耶。睿以餘晷。檢閱原稿互為對勘。校正錯誤。規復原本。俾成完璧。庶讀者展卷瞭然心目。實斯世之大幸也。吾知此書一出。當於三千大千世界普放光明。一切眾生。各於自性中見三千大千世界一一普現圓妙相。圍繞供養。護持是書。各以微妙聲音。出微妙言辭。稱揚讚歎。窮未來際。念念相續。圓成法界。饒益一切。十方平等。皆得成就。至是神童著書覺世之心始慰。至是神童著書以覺三千大千世界之心始大慰矣。他年時機再至。天不愛道。神童將復繼續成其第一次最完美最圓滿之大千圖說。以餉天下。睿不禁為天下人人朝夕馨香禱祝求之也。庚申春霑化郭君景輝樂善士也。平日以刊印經典善書。為種福因。與各善信出貲重刊是書。並為序以表其功云。

民國九年九月九日直隸大名張知睿識

大千圖說序

自拳匪假託鬼神。致招聯軍之禍。幾至國亡種滅。識者痛心疾首。固已極矣。又適值歐化東漸。專講物質文明之秋。遂本科學家世界無帝神管轄。人身無魂魄輪迴之說。奉為國是。俾播印於人人腦髓中。自是而人心之敬畏絕矣。敬畏絕而道德無根柢以發生矣。放僻邪侈肆無忌憚。爭權奪利。日相戰殺。其禍將有百倍於拳匪者。於此而不思急為設法挽回。俾人人心目中復有所敬所畏。不忍戰殺。不敢戰殺。竊恐民物將從此盡絕于天壤間也。第慮人心既挽回矣。有敬畏矣。久或真理漸乖。將復趣於迷信。則立說者於此又不得不預為之防。庶天下可常太平也。余統繼天師道傳老子。自漢迄今。已歷六十二代。所有帝神魂魄之學。皆歸余家傳習。世人固共聞而共知之也。當此世衰道微之日。正余朝乾夕惕之秋。晝夜憂慮。計無所出。山東歷城江生希張。生有異稟。五歲赴學部試。即為全球所知名。六歲時。康南海曾與人書。謂江生希張今之項橐。當時人猶河漢其言。而弗之信也。今果然矣。七八歲。手著有論孟白話解說。九歲手著有息戰論。迨十歲。復手著三千大千世界圖說一書。洋洋十數萬言。併繪圖。上界則純陽諸天堂。與陽中之陰。阿修羅各部。中界則紫微系位正中。天北辰居所。其外則眾星系。環共四周。下界則純陰諸地獄。與陰中之陽。幽冥王各屬。其中所有宮室之況。神鬼之數。賞罰之明。升降之嚴。人物之繁多。山水之高低。語言文字之各異。衣服器具之各殊。靡不一一繪聲繪色而詳說之。一切世人眼所不能見。耳所不能聞。身所不能遊。心所不能知者。皆令人得見之聞之遊之知之。雖藐然一身。蕞爾一室。而三千大千世界無窮之事業。無量之景況。已盡得之于尺幅之間寸紙之內。嗚呼噫嘻。神矣奇矣。廣矣大矣。至矣盡矣。精矣微矣。誠發開闢以來所未發。人世未有之實典也。今乃知佛藏經猶僅言三千大千世界之空理。而此書乃統言三千大千世界之實事也。驀然啟視。如披三清秘笈。開折元窔。鑿破混沌矣。蓋上界者清輕之氣所結成。純陽無陰。聖神居焉。中界者有色有塵。陰陽各半。人民居焉。間有無人居者。下界者重濁之氣所結成。純陰無陽。眾鬼居焉。神樂而不苦。鬼苦而不樂。人半苦半樂。善則為神。趨升上界而樂。惡則為鬼。墜落下界而苦也。余再四捧讀。欽服莫可名狀。以為此書乃今撥亂反治之樞機。興道立德之根據也。何以言之。人有肉身。即不能無人心。七情橫生於其內。六慾交誘於其外。雖在大賢。尚不能免。所恃者。人有性身。即不能無道心。仁義禮智。樂善不倦。然其所以能遏抑人心。而開發其道心者。則端得力於世界有帝神管轄。人身有魂魄輪迴之學說也。天帝鬼神。赫聲濯靈。日監在茲。四生六道。輪轉無窮。果報不爽。吾人所由不敢一味惟肉身是殉。人心是從也。今乃謂世界無帝神管轄。人身無魂魄輪迴。凡違此者。皆將以迷信罪之。方且頒為教授方針。俾人人依從。是以今學校內之師儒之書報非不極力提倡德育。注重德育。而卒往往無進步也。非惟無進步也。且多墜落萬丈焉。良以道德生於敬畏。敬畏生於世界有帝神管轄。人身有魂魄輪迴之學說也。今既無帝神魂魄。僅有肉身。人縱長壽不過百年。又何苦不及時行樂。放憚無忌。而乃以道德仁義。桎梏身心。自尋苦惱為耶。近來以是為非。以邪為正。舉世盡遊於縱慾敗度之場。眾人盡入於爭權奪利之區。病根在是也。余故曰。此書乃今撥亂反治之樞機。興道立德之根據也。如其不信。請以近勢證之。當清之季。國勢衰。民德劣。人謂由專制所致。迨共和矣。何仍如故。人猶曰初乃假共和。今真共和矣。何仍如故。國體非不改也。政體非不易也。教育非不普也。實業非不振也。政治非不密也。法律非不良也。何以國仍未盛。民仍未良。總長且以貪贓課罪也。議員且以違法貽譏也。他何論哉。是果何故。曰。不治其內而治其外。不揣其本而齊其末。故若是也。內何在。本何在。在心是也。何為道心敬畏是也。敬畏何起。一言以蔽之曰。使人人知世界有帝神管轄。人身有魂魄輪迴而已。故知此書立。帝神魂魄始能立。帝神魂魄立。宗教始能立。宗教立。道德仁義始能立。道德仁義立。戰殺方能去。太平始能至也。然則此書尚已。康南海註中庸費隱章曰。發乾元統天廣大之論。則天下之人。驚疑惝恍無能受者。故莫能載焉。發陰陽神明死生魂氣精微之說。則天下之人信受堅持無能易者。故莫能破焉。觀之此書益信第恐淺識之士。不識聰明睿知四德。為何解。祇憑常人之耳目身心為作用。謂此書乃故作誑言。動人耳目。悚人心志則大負江生之苦心。並負南海註中庸之微意矣。雖然。天下之事有信仰者。即有不信仰者。有贊成者。即有不贊成者。苟非俟千餘年後。天人相交之時。又烏知此書真實不虛。並無一欺人之語哉。

民國六年三月江西貴溪張元旭

敘

孟子曰。所惡執一者。為其賊道也。舉一而廢百也。觀於近世科學家。所創無帝神魂魄之說之流禍。而益信孟子之言為不可沒滅矣。蓋科學為物質文明。宗教為精神文明。科學以開智識。宗教以修德性。并行則福民。執一則禍世。二者不可偏廢也。自歷史觀之。中世紀以前。為宗教時代。靜止太甚。近世科學興。而為激烈之奮進。人人偏重物質文明。至謂世界確無帝神管轄。人身決無魂魄輪迴。其為有此者。乃古帝王與各教主。故創此說。愚民自固。以為專制之利器。惑世誣民之害。有不可勝言者。幸逢專制運終。共和鼎新。迷信盡去。真理大昌。凡此荒怪陳腐。俱為進化大梗。非一洗而廓清之。不足以福國利民。保世滋大也。然靜思之。近三年來。歐洲戰禍。直為歷史所未有。人命財產不知損失幾億萬也。究其致此之由。未嘗不太息於科學家所創無帝神魂魄之說之謬也。何者。科學之利。在講物質文明。一洗乾坤之陋。然動力太劇。促人飛奔。若燒尾之牛而不可遏止。其觸人輒死。近世徒重權利。掃除道德。至成為今日戰殺之世界。何一不由於科學家。首創世界無帝神管轄。人身無魂魄輪迴之說。為之乎。乃歐西既中其毒。被其害。而亞東又不知取其長。棄其短。方判決為真理。俾人人皆奉為金科玉律。豈知形而下者謂之器。復有形而上者謂之道乎。明有禮樂復幽有鬼神乎。務民之義。復敬鬼神乎。二者並行不悖。固不可缺一也。不然。國民程度尚低。既驟不能完備政刑。陽以制其身體。又不陰令敬鬼神以宰其靈魂。陽無所懲。陰無所懼。天上地下。毫無忌憚。其禍有百倍於洪水猛獸者。如之何其可坐視不救也。或曰。科學大進。真理彌昌。共和國家。人方得享文明幸福。詎可復事英雄欺人。如古帝王及各教主。愚民自固。令人不得自由耶。曰真理尚矣。使科學家所創無帝神魂魄之說。果屬真理。則有利即有害。固亦物理之常。人又何得歸獄於科學。而詎知科學家所創無帝神魂魄之說。仍似是實非。違背真理。舉一廢百之說也。余久病之。惟惜其無徵不信。不信民將弗從也。幸矣幸矣。今有徵矣。歷城神童江希張。手著有三千大千世界圖說一書。洋洋十餘萬言。發揮陰陽之玄蘊。洩露天地之奧理。既升科學家之堂。而知其當然。復入科學家之室。而知其所以然。然後歎昔科學家所創無帝神魂魄之說。僅知器不知道。猶為登堂未能入室。知其當然。而不知其所以然也。或曰。江童所言辯矣。恐出於理想。思救科學之弊。而終非實事也。曰。帝神魂魄。不能以實事徵。持以與人共見共聞。而江童於一二歲即識之無。三四歲能弄翰墨。五六歲能註釋經書。不費思索。下筆千言。并可譯成外國文字。九歲卽著有論孟白話解及息戰論。向使非有夙慧。曷克如此。卽此可證魂魄輪迴之說。爲實事矣。且也帝神於遠近幽明無所不聞無所不見無所不能無所不知。此各教宗之公言。而爲人所共悉者也。特人之所不能確信者。無非以僅聞有此空言。未見有此實事也。江童著惟天下至聖。爲能聰明睿知。足以有臨一說。發二千五百年所未發。自謂耳雖不聽。尚於出人聞度以外者勉聞之。目雖不明。尚於出人見度以外者勉見之。身雖不睿。尚於小兒所不能者勉能之。心雖不知。尚於小兒所不知者勉知之。及同人遂一試之。果如所言。竊以爲江童雖奇。然猶是一人耳。其耳目身心。已異於常人若是。況聖人乎。況至聖乎。況帝神乎。其於遠近幽明無不見聞知能。又何疑焉。卽此又可證帝神之說爲實事矣。彼科學家謂無帝皇魂魄。果屬眞理否耶。其目帝王及各教主。爲愚民自固也誣矣。尚祈天下人人旣從事於科學。以講物質文明。復從事於宗教。以講精神文明。庶乎天人並舉。政教合一。全球萬國。大同太平之盛。可指日遇矣。是爲序。

中華民國六年三月山東沂水劉恩駐

自序

天者萬物之根源。人神之主宰。順之則存。逆之則亡。古今中外。上自國主。下及庶人。莫不敬天畏天。循天理體天心。而後始能生存於天壤間也。自新國建迷信去。科學精進。文化宏開。人脫信仰之習。家騰自由之舌。專講物質文明。不信仰天帝鬼神。以其常耳常目不能見聞。即謬判決為烏有。遂議廢祀典。開放天壇為芻牧場。將數千年敬天畏天之說。一腳踢倒。由是人無敬畏。以為作惡為善。毫無報應。而人類戰殺之鉅禍。從此起矣。豈知祀與不祀。於天原毫無損益。不過於民物之生死。國家之治亂。有莫大關係焉。是以廖季平康南海二哲儒。已相繼著書立說。發明透徹。真能動人耳目。悚人心志也。第微慮所言者。精深奧妙。人不易悟。收效尚尠。小子因將其深言者而淺言之。其微言者而顯言之。其略言者而詳言之。俾天下人人莫不敬天畏天。顧諟明命。夕惕若厲。夬滅修容。事之維謹也。蓋天之至高處。天帝居焉。如人間之總統也。其餘各處鬼神居焉。如人間之官民也。康南海註中庸末章有曰。孔子之意。以為塵界以外。尚有無盡無方。無色無塵世界。不可思議。不可言說者。廖季平亦有言曰。現世尚天人隔絕。故人多不知天。至千百年後。六合同風。天人合一之世。則天帝鬼神之玄機。盡行披露。人人莫不知之矣。小子讀後。不勝歎服。以為夫子不可得聞之性與天道。經兩哲微露其端倪矣。然後知山經之所紀。載離騷之所稱頌。莊列之所演述。佛耶回之所點化。以及黃帝之所夢。與夫穆天子。漢武帝之所遊所遇。皆確為靈魂界之實境。而決非烏託邦之幻相也。夫道不論其至。雖愚夫婦可與知能。及論其至。雖聖人亦有所不知不能。此中庸費隱章之明言也。中庸又謂惟天下至聖為能聰明睿知足以有臨。可證聖人尚非全知全能。而惟至聖方為全知全能也。至聖聰明睿知。得見得聞。知上天之載無聲而能聲聲。無臭而能臭臭。故敬之畏之。視天懍懍。眾人不聰明睿知不見不聞不知上天之載。無聲而能聲聲。無臭而能臭臭。故不敬之畏之。而視天夢夢也。雖小子於至聖。百千萬億分中。尚未得其一分。然耳雖不聰。尚於出人聞度以外者勉聞之。目雖不明。尚於出人見度以外者勉見之。身雖不睿。尚於小兒所不能者勉能之。心雖不知。尚於小兒所不知者勉知之。是非小子敢為大言以欺人也。法華經功德品有云。功德莊嚴。六根清淨。可於三千大千世界內外所有一切。上至有頂天。下至阿鼻獄。皆能見之聞之知之。雖小子六根鈍濁。不能皆見皆聞皆知。然幸尚有能見能聞能知之處。爰本我佛引而不發之言。略發大概不辟掛一漏萬之譏。勉為三千大千世界圖說一編。以求教於天下萬世。但慮上下二界。一係聖域。一屬鬼關。渺渺冥冥不可測度。如徒空空言之。離奇怪誕。驚世駭俗。人人以常理解之。為理所必無。未免疑惑不信。將謂小子故揑此夢中囈語。以發展各宗教之信仰力而振其衰。恐於世道人心。仍寡所補救。乃於中界各星系言之加詳。冀人知非揑造黑白也。但星系仍屬疑似。故於共知共見之地球言之尤詳。無非欲人以可信者。證不可信者。以可知者。證不可知者。以有質有形者。證無質無形者。以能見能聞者。證不見不聞者。以動人人信仰之心。而啟其畿畏之念也。然天非一天。人人身中各有一性天。帝天者三界之主也。性天者一身之主也。人不信天。是自攻其主也。人身既無性天。焉能生存耶。小子以十歲乳臭童兒。詎敢直言無隱。為世所攻擊或疑為迷信。但祀天乃至重至大之事。實不敢以攻擊細故而坐視不論也。且祀天為孔教中第一要義。豈至聖若孔子。尚迷信耶。夫人身雖生於父母。而性身實生於天也。人僅為肉身之父母。天乃為性身之父母。人不信天。是自忘其父母也。父母者本也。不信是忘其本。木無本則枯。水無本則竭。人無本則死矣。所以天下之人皆信天則殺運閉而生運開。天下之人皆不信天。則生運閉而殺運開。竊願天下之人。仍各信仰天帝鬼神。時時生其敬畏之念焉。則大易萬國咸寧之言。庶可於今日覩之矣。

中華民國五年九月山東歷城十歲童子江希張

凡天地之數五十有五此所以成變化而行鬼神也

天地之數五十有五　天者陽也其數為單獨而無二地者陰也其數為雙多而為隅陰陽配合而變化萬物是以人物鬼神總不出乎陰陽二氣也天一生水坎之一陽也地六成水坤之六陰也地二生火離之二陰也天七成火艮之一陽也天三生木乾之三陽也地八成木兌之二陰也地四生金震之四陰也天九成金巽之二陽也水木生於陽而成於陰火金生於陰而成於陽陰陽交姤變化無窮純陽之數為五位高而在中純陰之數為十位卑而在中五十者土之數也太極也故四方皆歸而水木金火皆生於此也是以天地之數五十有五也

成變化　夫萬物不出乎五行五行不出乎陰陽遇陰則死遇陽則生陽極則陰陰極則陽寒極則暑暑極則寒此皆氣之所變化也蓋人身即陰陽五行所搆造心者火也肝者木也脾者土也肺者金也腎者水也性者天也命者地也是故天地之氣一出而變為人物一收而仍化為原質此所以成變化也

行鬼神　夫鬼神者二氣之良能也稟五行之秀受日月之精方得謂之神既為天地所生天地豈不能行之耶行者號令也道經云勅命蒼帝統御東方勅

命赤帝。統御南方。勑命白帝。統御西方。勑命黑帝。統御北方。勑命黃帝統御中央。各安其位。各治其方。此所以行神也。鬼亦天地之所生也。生則為魂。死則為鬼。入人胎則為人。入物胎則為物。歷劫輪迴。變化無窮。皆從天地之號令。此所以行鬼也。

括言　天地之數五十有五。此所以成變化而行鬼神也。小子久思之。以為天者位高而尊。純陽之氣所成。清輕而上升。其數為一三五七九。共二十五。上載眾神。常常光明。快樂無窮。中有上帝。統理諸神。各安其位。各盡其職。此陽界也。地者位卑而厚。純陰之氣所成。重濁而下降。其數為二四六八十。共三十。下載眾鬼。常常黑暗。苦惱無際。中有冥王。統理萬鬼。各投其胎。各司其職。此陰界也。人若了悟易經此言。始知天地鬼神之所以然也。併知人物之所以然也。人物居天之下。地之上。為天地之德。陰陽之交。鬼神之會。五行之秀。其為界也有陰有陽。晝為陽界。夜為陰界。中有國主。統理萬民。各事其事。各業其業。有善有惡。能上能下。君子上達。聖域者上達之所入也。人能上達。卽超入聖域。小人下達。鬼關者下達之所入也。人苟下達。卽入鬼關。以是知人者可神可鬼。可上可下。為善則升於陽界而為神。為惡則降於陰界而為鬼。亦視人之自待何如耳。至於物則亦有然者。惟不全耳。

神也者妙萬物而為言者也

孟子曰。聖而不可知之之謂神。可證神之所以妙者。正以其不可知也。如其可知。則物而非神矣。物雖萬。皆可知。神雖一。不可知。故曰。神也者。妙萬物而為言者也。夫神之為靈。杳杳冥冥。視之不見。聽之不聞。嗅之無味。探之無蹤。以故化學家。謂世間凡可化分化合者。方得謂之有。其不能化分化合者。此不得謂之有。神也者不能化分化合者也。因直判決其為實無。幾令字典不得復有此字而後快。然自古迄今。孔道佛耶回各教宗。皆有神說。并謂神於遠近幽明無所不聞。無所不見。無所不知。無所不能。又直判決其為實有。十目十手。視指其嚴俾人不敢一刻怠忽致干其譴。凡背此者。咸以妄人罪之。宗教家卽謂其實有科學家卽謂其實無。學教兩派。各持一說。將從宗教家言。以為實有而信仰之而又徒事虛無。恐未免自欺欺人。為科學教所笑而憫其愚。將從科學家言。以為實無而放置之。而又無所忌憚。未免自暴自棄。為宗教家所擢而怒其妄。各是其是。各非其非。是真難判斷之疑案也。不知陰陽不測之謂神。神原為人所不能測。能測則非神矣。又何難判斷哉。蓋一切人物。凡有聲臭者。皆曰塵界。科學家能考究其原理。分合其原質知其當然。又知其所以然一切鬼神。凡無聲無臭者。皆曰靈界科學家不能考究其原理分合其原質。非惟不能知其所以然。亦不能知其當然。總之塵界為有聲有臭之世界。故有有聲有臭之人物居有聲有臭之宅宇。用有聲有臭之物品。辦理一切事務。豈靈界為無聲無臭之世界。獨不能有無聲無臭之鬼神。居無聲無臭之宅宇。用無聲無臭之物品。辦務一切事務耶。夫塵界者、質所萃聚而成也。靈界者氣所萃聚而成也。塵界既為實有而非無。豈靈界獨為真幻而非有乎。有塵界即有靈界。有肉身即有性身。常人不能聰明睿知。見聞靈界性身。即憑其常耳常目之視力聞力。而謬判決鬼神為無有。夫亦莊叟所謂小知不及大知。小年不及大年者也。中庸曰。苟不固聰明聖知達天德者。其孰能知之。足證夫子之言性與天道。不可得而聞。非吝教也。誠以中人以上方可語上。中人以下。不可以語上也。世界進化。人之程度日高一日。由春秋以迄今日。將近三千年矣。天下之人。雖不必皆臻中人已上之程度。然已十有其六七。可以語上。屆其時矣。以故康南海於中庸末章上天之載無聲無臭至矣註解。業經微露其端倪。小子復從而合盤託出也。然為時尚早。固非至千百年後。六合同風。天人合一之勢。猶不能人人盡知。小子所言。無一誑語也。廖季平哲家。今尚康強。實奇析疑。知必有以匡小子所不逮也。雖然。人人不言神。其禍至流為今日權利之世界。爭殺不已。固為可慮。人人皆言神。其弊又將復為前日魑魅之世界。爭殺亦不已。更為可慮也。然則必如何而後能使人、於神既免不信之禍。又無迷信之禍。天下萬世。其長太平乎。其有俟於君子。

子曰務民之義敬鬼神而遠之可謂知矣

今之所謂科學者。卽孔子之務民義也。今之所謂宗教者。卽孔子之敬鬼神也。務民義以修人道。敬鬼神以修天道。天人並舉。政教合一。二者不可偏廢也。設徒講宗教而無科學。則民智不開。而人愚蠢無識。貧弱將日甚一日。不為外人瓜分不止。甚至迷信流入邪宗。仍如歷代各次教匪。為禍多不可收拾。設徒講科學而無宗教。則民德不敦。而人無敬畏。互相爭奪。互相慘害。至成為今日戰殺之世界。為禍將靡有已時也。二者並行。則猶人有手兼有足。相得而益彰。二者闕一。則猶人有手而無足。單重則偏枯。故我孔子開民智而敦民德。務民義而敬鬼神。既無權利競爭之禍。又免邪妄迷信之害。是以立之斯立。道之斯行。綏之斯來。動之斯和。過化存神。上下與天地同流。夜不閉戶。路不拾遺。相會而三月大治也。蓋忠孝節義謂之神。神者浩然正氣也。人皆敬之畏之。信之仰之。學其忠孝節義。去其十惡八邪。存天理滅人欲。則人豈不一神耶。乃庸人無識。疑神與人同一好名慕利之情。遂諂神媚神狎神佞神。日日焚香楮。潔酒食。莊嚴廟宇。粉飾外觀。以求福免禍。干祿沽名。甚至揑造鬼語。假託神術。惑世誣民。聚衆謀叛。此皆褻瀆神明。不知遠之之為禍也。是偽宗教。而非真宗教也。科學家認偽為真。因謂宗教乃愚人之具。妄誕之說。確不可信。由是專講科學。放棄宗教。豈知宗教非愚人之具。妄誕之說。其有此者。乃迷信者揑造之也。觀於中外歷史。以邪教而成禍亂者。固不可枚舉。然以爭奪權利而成禍亂者。又莫可勝數也。凡事真實者興。虛偽者衰。今人之崇拜科學者。固以科學之有真實證據也。豈知孔子不見而章。不動而變。無為而成。獨非宗教之真實證據乎。且不獨孔子為然也。老子之八十一化。釋迦之三身四智。五眼六通。耶回之五愈聾瞽跛啞等事。昔時猶以為宗教之傳言。並非實有其事。乃近觀於外國。最新發明之催眠學。其能轉變物力。已實證無時間空間物質之阻礙。此外美國鬼學研究會。與我國伍博士神學研究會。業已確定鬼神為實有。東方雜志尚賢堂紀事兩書。譯載甚詳。皆屬不可思議。不可言說之實事。人謂科學日精一日。宗教將日衰一日。吾謂科學日精一日。宗教仍日盛一日。凡以前此物質之學明。鬼神之說以破。今後精神之學明。鬼神之位仍固也。有宗教以修其德有科學以開其智。盡人以合天。善政復善教。中庸所謂道並行而不相悖。萬物並育而不相害也。總之鬼神者。人不可不信。又不可迷信者也。迷信則敬而不遠也。不信。則並敬之心而亦無矣。二者均不可與言鬼神。惟敬而遠之。方可與言鬼神。不孔子謂敬鬼神而遠之。卽謂敬鬼神而畏之也。並非放棄之始為遠也。彼引子不語怪力亂神。為孔子放棄鬼神之鐵證。詎知子非不語力。特不語怪力。非不語神。特不語亂神。本為二項。解者誤分為四矣。不然孔子何以謂聖人以神道設教而天下服乎。聖人敬神畏神。著書立說。覺世牖民。志與神同。心與神接。乃為真敬真畏。故可謂智。俗人放蕩恣睢。狎侮鬼神。志與神背。心與神反。故不敬不畏。不可謂智也。今欲徒事科學。放棄宗教。猶人有手而無足。如之何其能行也。彼方自號為智。吾正憫其迷也。何迷乎。以執一賤道。舉一廢百。子莫之流。其智也。乃其所以迷也。竊願今後有治民之責者。仍奉我孔子之言為圭臬。勿徒囿於一說。則天下萬世。受福無窮矣。

大千圖說緣起

一天下為一世界。數至一千。是為一小千世界。數小千至於一千。是為中千世界。數中千至於一千。是為大千世界。統名為三千大千世界。三千大千世界之實事。後已歷歷言之。而三千大千世界之原理。則難言也。蓋三千大千世界之生。生于真主之中心。如水之泉。如木之根。水一時無泉則竭。木一時無根則枯。乃各有其本。須臾不可離也。子思曰。中也者天下之大本也。中卽喜怒哀樂之未發是也。喜怒哀樂。情也。動也。未發則性也。不動也。中也卽真種也。不可以道道也。不可以名名也。道之無極。釋之真空。儒之畫前易也。一變卽為太極。卽為妙有。卽為太乙。太乙卽生三千大千世界。三千大千世界。卽生人物。人物各有其本。卽各有其中。故能各遂其生也。且夫中之底蘊。不落名言。無從擬議。其所以斡旋天地。轉運陰陽者。在握其寸機而已。得其機則妙用在我。而三千大千世界。皆範圍之而不過矣。機者何。一而已矣。一始可道。一始可名。老子所謂有名萬物之母也。然有名始於無名。無名天地之始。太虛無為而無不為。圓陀陀光灼灼。淨顆顆。赤灑灑。一片神行其間。變化不測。無體無方。妙用不拘。周流六虛。何以道之。何以名之。强為之道。强為之名。名之曰中。蓋中之一字。含有無窮妙義。口字原為一圈。圈卽周天也。直畫原為一點。卽真主也。卽古今中外。所謂上帝也。在人則口字即為周身。直畫即為心神。釋迦曰。一切世界。皆惟心造。邵子曰。天向一中分造化。人從心上起經綸是也。無極之會。上帝原在上天。太極之際。上帝自上天移居中天。以生三千大千世界之下天。而為之真主也。故詩曰。維天之命。於穆不已。中庸曰。上天之載。無聲無臭至矣。書曰。維皇上帝。降衷于下民。若有恆性。左傳曰。人受天地之中以生。所謂命也。主宇上畫像上界。中畫像中界。下畫像下界。一點即像上帝。又有一直畫。像浩然正氣。為之總綱以貫之焉。子曰。參乎。吾道一以貫之是也。人能得一貫之傳。自能與上帝。同其聞見。同其知能。而于三千大千世界之事事物物。自無不見聞知能矣。以故人心純善。則能造出上界。人心半善半惡。則能造出中界。人心純惡。則能造出下界。三界皆由人心造出。心固如是其神妙也。今無神派。謬謂世界確無帝神管轄。人身決無魂魄輪迴。致令人無敬無畏。諸惡俱作。眾善不行。貪嗔癡淫殺盜綺語妄言。兩口惡舌。相戒不為孝弟忠信。禮義廉恥。已造成地獄世界。而共廁身其中矣。乃猶強執科學之理。侈口闢地獄為烏有。不亦可哀之甚。可笑之甚乎。抑知其于三千大千世界之原。上帝一貫之道。固未之有聞也。一者何。即先天一氣也。即浩然正氣也。孟子有浩生不害問曰一章。孟子之借言也。謂浩氣即在己身。問他人則難言。自問方能知也。人人有中。中卽浩然正氣。本己所有而問他人。非騎驢覓驢乎。譬之盲人不能見物卽己身亦不能見也。人昧其浩然正氣。而長其盲然邪氣。己身尚不能見。況於三千大千世界乎。中庸曰。惟天下至聖。為能聰明睿知足以有臨也。聽則于三千大千世界之聲音無不聞也。明則于三千大千世界之光影無不見也。睿則于三千大千世界之功業無不能也。智則于三千大千世界之事物。無不知也。臨則能統攝治理之謂也。上帝為上天無形無色之孔子。孔子為中界有形有色之上帝。孔子卽上帝之化身也。是以統攝治理三千大千世界。況區區一地球哉。子思稱其聲名洋溢中國。施及蠻貊。舟車所至。人力所通。天之所覆。地之所載。日月所照。霜露所墜。凡有血氣者。莫不尊親。卽謂三千大千世界。無量眾生。莫不尊孔子親孔子也。易曰大哉乾元乃統天是也。豈惟能統我微塵之一地球哉。然人人皆可為堯舜。特人不能盡其心。斯不能知其性耳。不能知性。斯不能知天耳。不能知天。斯不能知三千大千世界耳。欲知三千大千世界。當由善養浩氣入手焉。人人既皆有浩氣。人人卽皆有中。當由身之中。貫心之中。再貫三千大千世界之中。再貫太極之中。再貫無極之中。則三千大千世界。一切事事物物。自無不聞之見之能之知之矣。夫三千大千世界之生也。以浩氣。人物之生也亦同。而有疾病夢寐等等奇態。不可測度。不可思議者何也。請得而言其大略焉。(疾病)人之一身。如機器然。頭腹足三大輪也。五臟六腑十二經絡。五官百骸。皆小輪也。靈魂居中。資周身之精與氣以生之。人不知衛生。或因血氣鬱滯。或因飲食過度。或為酒色所迷。或為寒暑所侵。則輪不轉。故服藥以調其機則愈。或諸輪皆不動。轉機械損壞。服藥亦不效矣。如諸寇群集。總統棄國而走矣。魂一離舍。氣自消亡。精自耗散。而其身體無知覺無運動。節節支解之。己茫然不知矣。倘毒氣內攻。由下而上。神居於心。被毒氣之所攻。則遷都於頂。攻至於頂。則棄舍而出矣。如室閉門。人不得復入也。(寐覺)至人無寐。神光足也。凡夫有寐。神不足也。蓋凡夫朝勞夕役。眼觀諸物。耳聞諸聲。鼻臭諸味。舌發諸音。身履諸動。意涉諸想。如此陰氣漸生。神氣疲倦。因而神藏於心。光收於內。遂五官不能用。四肢不能動。是為寐也。然一夜陽氣漸生。神光稍補。則光發於外。神居於頂。是為覺也。夢者魂遊也。人至寐熟之時。魂離人身。散蕩四方。昏昏暗暗。恍恍惚惚。多半不見日月星辰。富貴貧賤悲喜憂樂無不經歷。與醒時無異。當其時即小死也。非立日月燈光之中而無影者。不能無寐無夢也。知此則知人死後之情狀矣。不過氣尚未斷。如室未閉門。人尚能入耳。嗚呼。人生亦大夢也歟。且夫天地無所不容。無所不包。其至奇至妙。至精至微者。不能筆之於書。不能言之於口。非己道果圓成。不能知也。然欲成道。必先修性立命。修性必須直達先天靈光之原。立命必須直造先天祖氣之府。性命合一。體用兼該。形色合天性以為用。天性超形色以還原。六根六塵。皆為形色。有形有色。悉本天真。離六塵無見性之地。舍六根無立命之基。識得六塵皆是本根。則滴滴歸源矣。見得六根皆光明藏。則處處靈通矣。是故有一物不歸性量。畢竟見性之未真。有一處不關命脈。難言立命之已至。人身亦有三千大千世界。三千大千世界有日月。萬象開明。人身亦有日月。精華發露。其猶重門洞開。從此上達有頂天。下徹阿鼻獄。法身周徧三千大千世界。曲成萬物。纖大悉備焉。愚人見其自無而之有。莫不執有而滯于形。至人則見其自有而反於無。故皆觀象而歸于化也。然此尚言太乙以下之天。猶為可道可名者。以道之名之。至太乙以上之天。則無名可名。無道可道。非己見之。不可得而知也。故今人以不見天堂地獄。遽判斷為無有。故人人無敬無畏。遂竟敢爭權奪利。滅己以滅人。滅家以滅國。以滅天下。豈不痛哉。苟欲為對症之下藥。則必尊道而貴德。安己以安人。安家以安國。以安天下。又豈不樂哉。小子竊以為今日之天下。非服食是藥。不能瘳也。又恐世人驚疑駭怪。無敢服食者。因先出息戰論為之小引。繼出此編以為藥之實品。所以然者。今天下之總病根。既在爭權奪利。今天下之對症藥。亦即在尊道貴德。欲使人人皆知尊道貴德。則必先使人人皆知事人知生。欲使人人皆知事人知生。則必先使人人皆知事鬼知死。季路問事鬼神。子曰。未能事人。焉能事鬼。敢問死。曰未知生。焉知死。當日孔子非不欲答也。誠以事鬼知死。乃大同之民。方得盡聞。非小康之民所得盡聞也。孔子故留以有待也。中庸曰。大哉聖人之道。洋洋乎發育萬物。峻極于天。優優大哉。禮儀三百。威儀三千。待其人而後行。禮運曰。大道之行也。與三代之英。丘有志焉。而未之逮也。中庸曰。中庸其至矣乎。民鮮能久矣。道之不行也。我知之矣。道之不明也。我知之矣。誠以大道非人不傳。亦非時不行也。孔子生當據亂之世。距大同尚遠。雖有其人。尚無其時。故大學之道。中庸之教。不明不行。今值午會十二運。大同已開幕矣。大學之道。中庸之教。當明於世。當行於世。所謂明與行者。非僅君相師儒少數人明之行之。乃謂庶人亦能明之行之也。記曰。人人皆有士君子之行是也。以皇極經世考之。夏禹八年。入午之初。迄今已四千一百三十四年矣。再歷九百有六年。其時。即屆午會十五運。即我孔子明明德於天下之時矣。然天不夜不旦。道不晦不明。孔子大學之道。中庸之教。將大明大行於世。故近數年不能不有此一晦也。小子下愚極不肖。雖不足與於斯道之明行。然竊願為效犬馬之勞焉。惟慮人微言輕。不足以動人觀聽。而於斯世斯道。仍無少補也。孔子曰。自季孫之賜我粟千鍾也。而交益親。自南宮敬叔之乘我車也。而道加行。誠以道德必藉勢力而後行也。伏冀今乾坤為量。胞與為懷之大人君子。多製此藥。俾人人服食之。救無量人命。使朝不信道。工不信度。君子犯義。小人犯刑。上無禮。下無學。賊民惡疫。不致傳染無已也。孔子二千四百六十八年。丁巳立春日。圖說竣。因書管蠡。以為茲編之緣起云。

大千圖說凡例

一茲編簡中求簡。較原稿十去其五。益形以管窺天。以蠡測海之陋。賜閱者。當以意逆志。是為得之。慎勿按圖以索驥也。

一茲編重在無言。不在有象。須知無字乃真經。畫前乃真易。無名乃真始。賜閱者。貴離圖說以取相。慎勿取糟粕而遺精華也。

一茲編問世。係迫于區區不忍之微衷。萬難自遏。杞人憂天。情誠可憫。賜閱者。當諒其皆垂涕泣而道之之意。幸勿以矜奇炫異見責也。

一茲編妄思為全球萬國立言。非僅為我中國起見。所抱宗旨。尚道德。息戰殺。二言盡之。賜閱者。請亦抱定宗旨。勿徒惑于有強權無公理之謬說也。

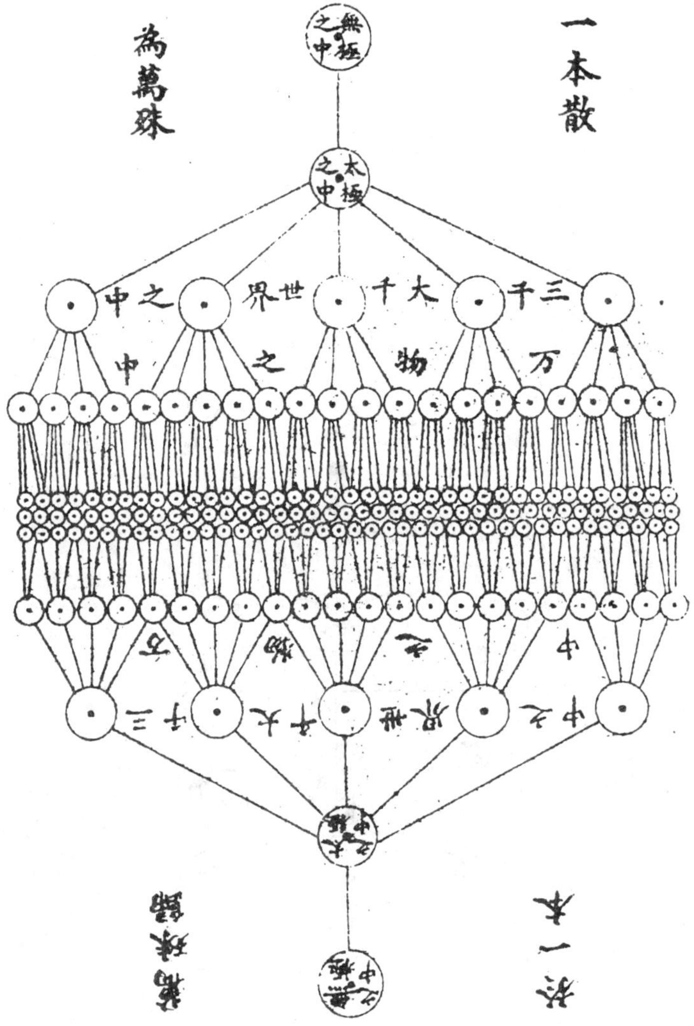
一本散
為萬殊
無極之中
太極之中
三千大千世界之中
万物之中

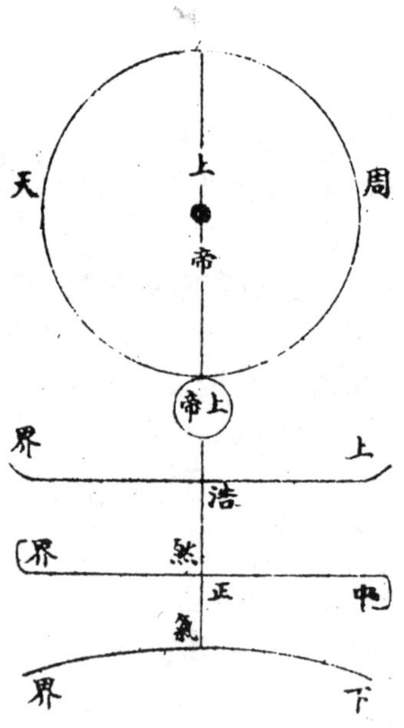
天
周
上
帝
上帝
界
上
浩
然
正
氣
界
中
界
下

大千圖說總論

常人之目力。僅達於本世界。或附近世界之內而止。其最上最下者。則其目力之明。固有所限而不能及焉。自愛可斯光鏡出現。能透牆過壁。視人臟腑。無物能阻。無暗不燭。顯微鏡至十二萬倍。一鴻毛而大如山邱。天文鏡則至數千萬里。亦能如在目前。乃天下之至精至奇。然終不過能察本世界。及附近世界而止也。至上界諸天堂。下界諸地獄。則固非其目力所能及也。蓋天堂純陽而光明。有樂而無苦。故謂為天堂。然陽中亦有陰。阿修羅所部是也。乃有天福而無天德者也。此為上界。地獄純陰而黑暗。有苦而無樂。故謂為地獄。然陰中亦有陽。幽冥王所屬是也。乃司地職而有天德者也。此為下界。至中界乃太空各星球。有形有質。即吾人所居。與目力所能及之各星球焉。大約半陰半陽半苦半樂。有人者多。無人者少。此為中界。乃今科學家。以常人目力觀之。上下二界。不能測見。遂擅判決天堂地獄為無有。豈知古今各大聖神皆有此說。詎以聖神而猶欺人耶。且既欺人而猶復可謂聖神耶。乃科學家則謂天本空氣。其上奚有殿堂。地本實球。其內安有囹獄。噫嘻。是由星球空氣中尋天堂也。是由星球實質內尋地獄也。如是雖尋至千萬年。亦不可得也。不知天堂在極上處距星球尚有幾億萬里也。地獄在極下處。距星球尚有幾億萬里也。或詰天堂何以在極上處。令常人目不能見曰。天堂原為輕清之氣所成。輕清之氣自上升極端也。地獄何以在極下處。令常人目不能見曰。地獄原為重濁之氣所成。重濁之氣。自下降極端也。雖上下二界。均為靈魂界。非軀殼界。然亦有形有質焉。但其所謂形質者。乃別有一種形質。非吾人所謂形質也。吾人著書立說謂其無形無質者。不過權就常人之目力論耳。其實並非無形質也。且也天堂地獄。乃衆星系之各星球。共此天堂地獄。並非各星球各有天堂地獄也。如人身然。中界雖五臟六腑。為部甚多。而腦府氣海。則祇有一處也。要之其為吾人目力所不能及之處。即鬼神之居停焉。鬼神之妙。如無線電然。(無線電之構造。係混以少量之銀粉。置以綠素粉中。加水銀二三滴。入於細玻璃管。以二金屬板輕押兩邊。結於電池二極。而為輪道之一部。此管名曰廓瞎辣用之為受信機。再以赫路茲為發信機。即能傳信。)無線電尚假氣機之作用。若鬼神之妙。乃不用氣機之無線電也。昔人不信無線電。今有之則乃歎服。今人不信天堂地獄者。為不能見也。俟後日得見。必皆歎服矣。試以目力論之。若月晦之夜。有人行路。不能見物。俄而大雪紛紛。堆積原野。則黑暗地獄。變為光明世界矣。可見光度在視度之下。無雪之返光。則不能見也。夫人之視度。至高至低。各有一定之限制。若將人之目力分為百度。則百度以上。零度以下。均非目力所及。今人不能見天堂與地獄者。猶之分人目力為百度。而天堂則在百度以上。地獄則在零度以下。故不能見也。例如現今科學家之發明。欲觀天文。則用天文鏡。欲測遠景。則用望遠鏡。欲察物體。則用顯微鏡。其器械之巧。能達肉眼視度之外。可謂至神至妙矣。然猶不能持此以見天堂與地獄也。究之學問一道。如大海然。萬不可入海飲一滴水。即自足也。科學家以尚實自足其智。以蹈虛闢各宗教。夫亦思我孔子及老佛耶回。皆何如人。顧肯自欺以欺人哉。考之摩耶受法天幘尚存。提婆謗佛。地滅遺蹟。兜率泥犂之事。忉利鐵圍之文。經典俱載。指不勝屈詎以無有。惑人聽聞。雖孔子於天堂地獄。未曾顯言。固亦微言之耳。君子上達。小人下達。與夫精氣為物。遊魂為變。故知鬼神之情狀。非皆指此言之乎。由是可恍然悟矣。

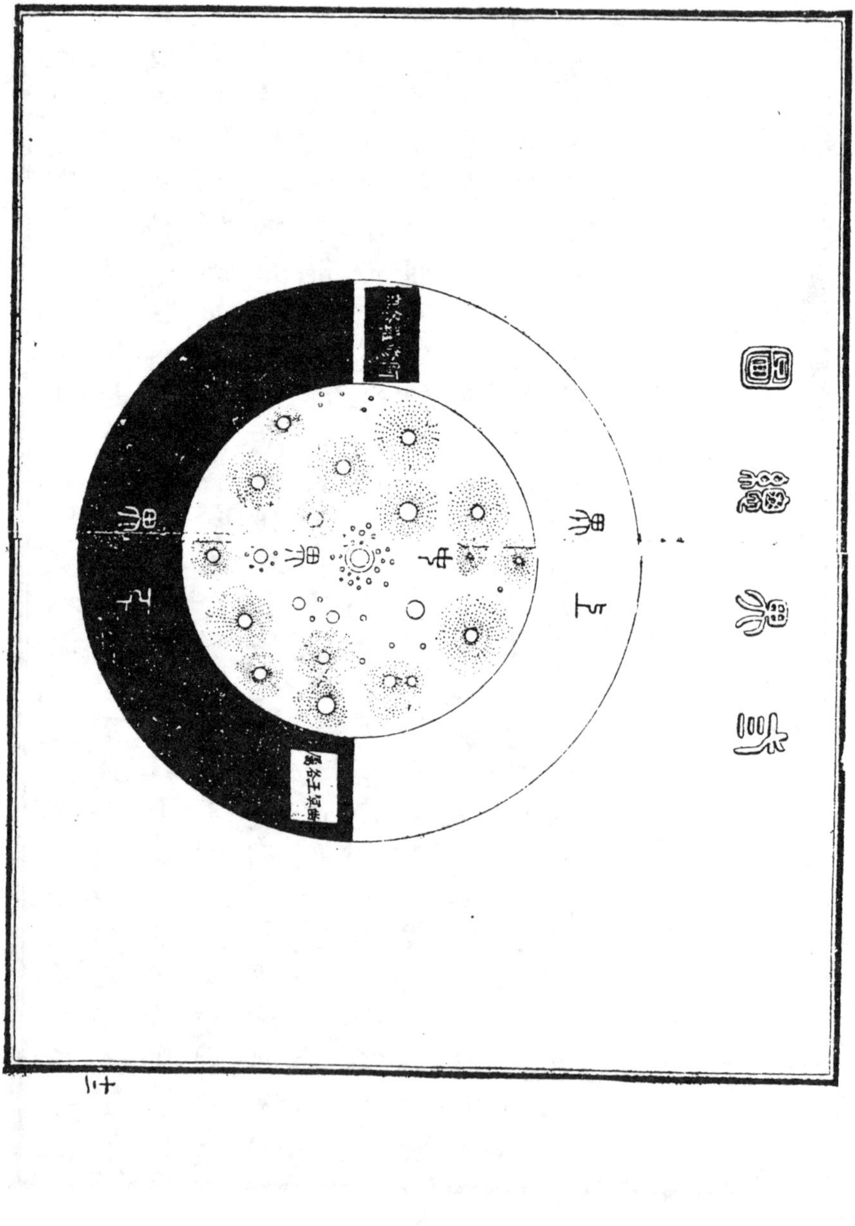

（說明）三界總形。如西瓜然。其中之子。則中界各星球也。其中之穰。則中界各星球之空氣與軌道也。其瓜面之外皮。在上端者。則上界天堂也。其瓜面之外皮。在下端者。則下界地獄也。西瓜統而言之謂之瓜。三界統而言之謂之天。天者三界之總名也。此字義所以標一大為天。薛文清曰。人每以地與天對舉。殊不知地乃天之一毫毛也。或問西瓜由何而生。曰由真種。問三界由何而生。曰由真種。或曰。瓜之真種。吾早喻之。三界之真種。吾實不喻。敢問其義。曰此非可以言語形容也。亦非可以文字傳述也。小子學著茲編。凡於子思所謂君子之道費而隱者。業已備洩其底蘊。而惟於此真種之神妙。則不能道破。以快時賢之心目也。小子非不欲獻曝。但以明此真種。則宇宙在手。萬化從心。大丈夫之能事畢矣。此固非言語文字所能從事也。中庸曰。苟無至德。至道不凝。言德至則道凝。道凝則於三界一切事物。自無不見聞知能矣。人欲明此。亦惟有日進其德而已。他何術哉。學者苟能修德。積誠之久。得聞聖人一貫之傳。方於三千大千世界之神妙。不下帶而道自存其中。不然。即熟讀法華經及小子茲編。仍只可見其皮膚。而其中竅妙。終有一紙千山之隔。子謂子貢曰。汝以予為多學而識之者與。對曰。然。非與。曰非也。予一以貫之。蓋未聞一貫之傳者。於所有一切世界。如人在紙窗內。非不光明。然外有千山萬水景物。一無所見。如有人將紙捺破。凡窗外所有一一畢見。始覺別有天地非人間也。邵子詩云。手探月窟方知物。足躡天根始識人。即謂別有天地也。孝經感應章曰。孝弟之至。通於神明。孔子詎誑人哉。夫神明不彰。非神明棄我。實由我孝弟之德未至。故神明於我隔閡難通耳。若果能孝弟之至。則上而陽界萬神。下而陰界萬鬼。自彰著於前。歟我相會。相與談心共話。如塵世之親友然。又何有隔閡難通之處哉。人如弗信。請起端木氏于九原而問之可也。

上界論

上界者聖域也。慈善之氣之所莊嚴也。聖域無色而實有色。其為色也。在常人視度之外。無聲而實有聲。其為聲也。在常人聞度之外。格致家事事徵實。而獨此不能徵其實焉。是故惟孔子方能見堯於牆。見舜於羹。見文於琴也。（欲知孔子所以能見之故必須查閱僧著息戰論中惟天下至聖為能聰明睿知足以有臨說方能知其所以然矣）蓋天真空而妙有。其實際則無非一氣所變化而已。最下曰神仙下天。即無色界天。其宮用五色石英之氣所作。神仙下等之居處也。共七千院。三萬五千室。再上曰神仙中天。即無想界天。其宮用瑪瑙石精之氣所作。神仙中等之居處也。共六千院。三萬室。再上曰神仙上天。即非無色非有色天。神仙上等之居處也。其宮用珊瑚之氣所作。共五千院。二萬室。此最下之三天也。金仙下天。金仙下等所居之處。即非無想非有想天。其宮用水晶之氣所作。三千院。一萬四千室。再上曰天仙下天。其宮用赤玉之氣所作。二千院。一萬室。再上曰金仙中天。其宮亦用水晶之氣所作。一千院。七千室。再上曰天仙中天。其宮用金剛石之氣所作。八百院。四千室。再上曰金仙上天。其宮用珍珠之氣所作。五百院。三千室。再上曰天仙上天。其宮用白玉之氣所作。二百院。一千室。再上曰玉樞天。其宮用赤金之氣所作。三千院。

一萬四千室。再上曰彌羅天。乃上帝所居之處。為無數奇寶之氣所作。一百八十層樓。蓮花寶座。其景不能備陳。再上曰黃老天。其宮用大地正中靈土之氣所作。五十院。四百室。再上曰赤精天。其宮用赤金之氣所作。二十七院。一百二十室。再上曰水精天。其宮用水晶之氣所作。一十六院。一百室。再上曰木公天。其宮用香木之氣所作。三十八院。二百室。再上曰金母天。其宮用黃金之氣所作。四十九院。三百室。再上曰太清天。黃金之氣為闕。白玉之氣為京。九十九院。六百室。再上曰上清天。亦九十九院。六百室。再上曰玉清天。九十九院。四百室。其室之質。若有若無。再上曰極樂天。九層萬院。六萬室。極上曰大羅天。亦曰有頂天。乃無數神聖所會聚之地。十二萬九千六百院。五十萬二千室。若在若亡。不可見聞。此上界之次序也。然此不過大概。如其詳則不可勝述矣。至阿修羅各部。為陽中之陰。縱不暇道其詳。然亦不得不略述其大概也。試觀於左。

上界目錄

山東歷城十歲童子江希張著併繪圖

大羅天凡天上一切宮室一切物品一切衣食一切設施皆以意想而有氣化而成固不可以塵世之理繩也

大羅天乃諸天之最上天也。分一層。南曰玄玄。北曰天泉。天泉界線之中。有一小泉。泉內出一金蓮。蓮上有宮。名曰金蓮宮。宮內有碑。天地開闢時。元始誥命也。金碑玉字。雲文雷篆。天地賴之以生。日月賴之以明。旁有二宮。九層樓房。置天地之經文。北有六萬四千五百九十九院。凡有大事。女仙會議其處。南有玄玄宮。為男仙會議之地。有六萬五千院。後有一閒處。乃天上之圓也。

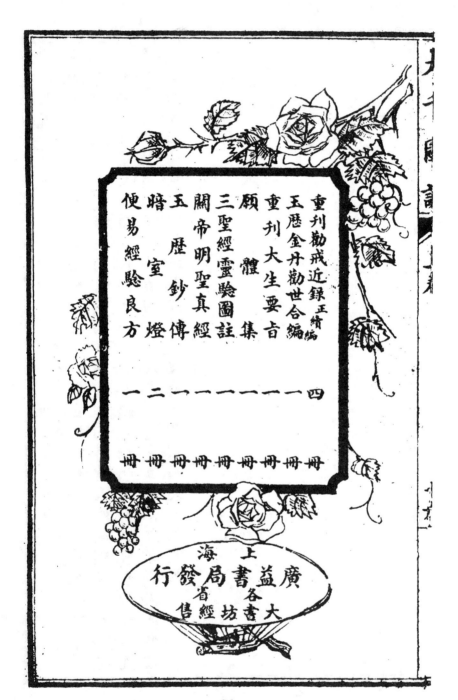

玄宮

大羅天

極樂天

極樂天乃佛祖所居之地。共九重。一層曰淨土。二層曰淨禪。三層曰淨福。四層曰善因。五層曰善果。六層曰善定。七層曰善寂。八層曰善空。九層曰善住淨土天一千二百院。燃燈佛及釋迦佛空空佛所居之處也。九十九金幢。六十六玉女。燃燈佛宮四百院。屋頂上皆有寶珠能大放光明。其中一室。置一大鐘。黃金之氣所造。凡成佛者。即由燃燈佛。擊此鐘一聲。方能得佛智。釋迦佛宮亦四百院。以龍之氣為衣。以雲之氣為饌。不飢不渴。不寒不暑。其樂不可盡言。空空佛宮亦四百院。金幢九十。玉女六十。其宮之美與釋迦佛同。此三宮之中。有一圓樓。曰佛藏樓。內存置佛家至秘之經。至第二層天。三百五千餘佛。一千一百院。不可勝說。至第三層天。有三百九十餘佛。一千一百院。至第四層。第五層第六層、第七層、第八層、第九層。皆如此。此極樂天也。此天乃天外天。在三清天之西諸佛靈氣所凝而成。上下內外。如白玉然。一號四種民天。一號無餘涅槃天。與三清天並處極尊也。

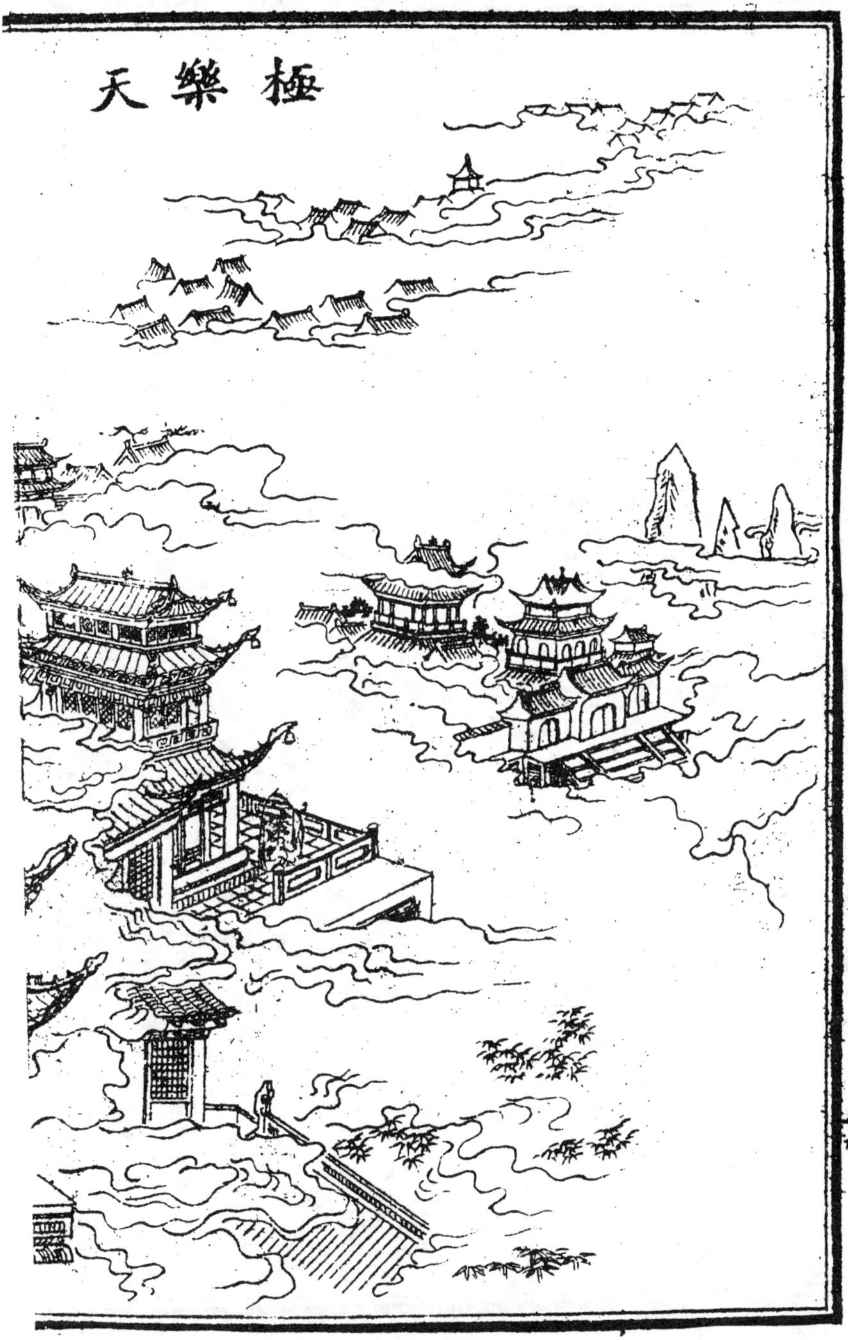
極樂天

玉清天

玉清天者。乃元始天尊所居之處也。此天乃諸天之長。無量數地之玄機也。九十九院。分四處南曰玄機北曰玄冥東曰玄英西曰玄秘南有二十七院北有一十六院東有十三院西有十九院中有一宮。元始天尊居焉。其室乃無數奇寶之氣所結成。存置萬萬簿籍。萬萬勅旨。此玉清天也。

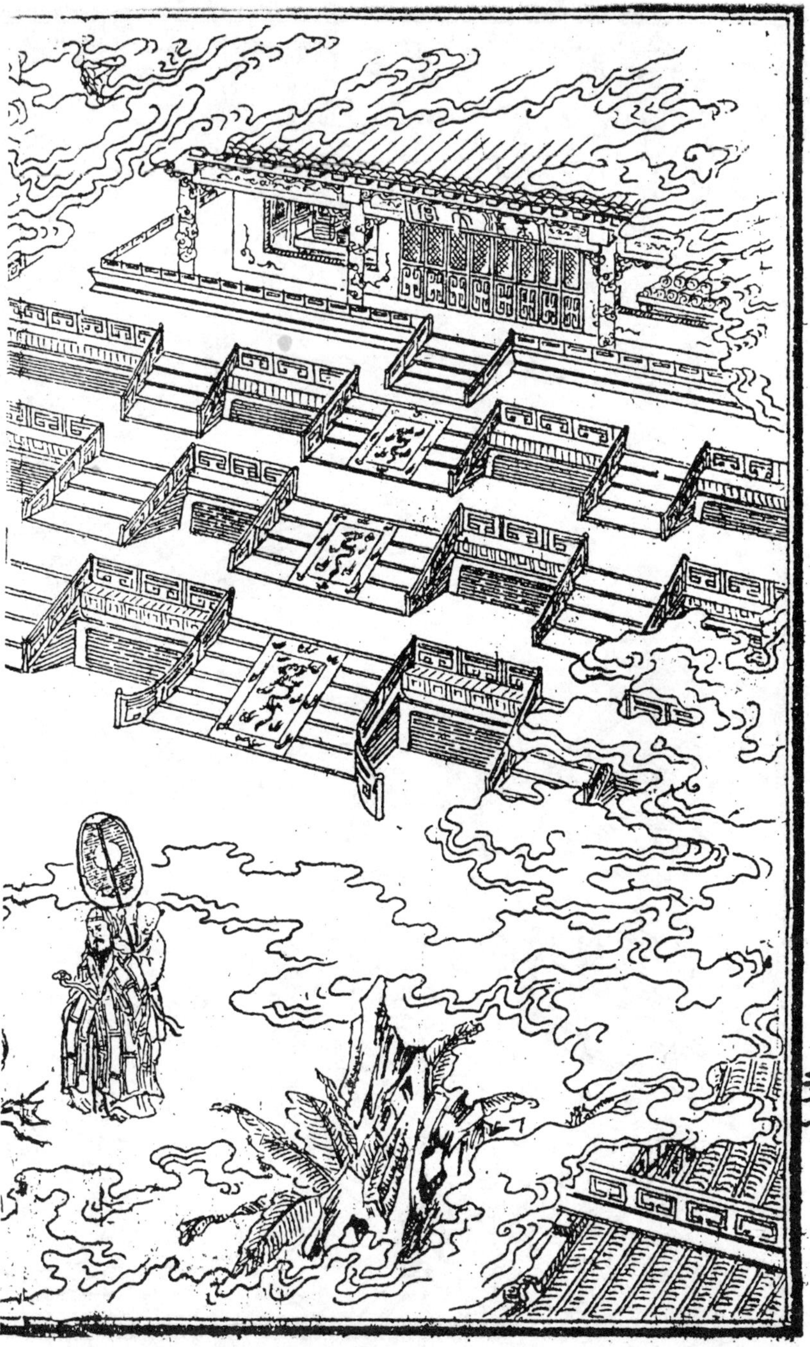

二十一

玉清天
宫

上清天

上清天者。靈寶天尊所居之處也。亦九十九院。分三處。曰洞虛。曰太微。曰靈章。中一大宮。名禹餘。靈鎮天尊居焉。洞虛靈章二處。存藏一切至秘書籍法寶。世不得聞。太微院中有大宮。內有八萬九百十三寶座。中一亦金寶座。乃靈寶天尊講經說法之處。十日一次。證金仙者。皆會集焉。此上清天也。

上清天

太清天

太清天者。道德天尊所居之處也。分九處。東曰天根。南曰天樞。西曰天中。東曰天空。東南曰靈霄。東北曰靈雲。西南曰靈秀。西北曰靈精。中有一宮。名大赤。道德天尊居焉。天根宮藏一切至秘物品。乃道德之發源。天上之玄關。朝元始必經之處。見靈寶必過之門。此太清天也。

二十五

靈秀

金母天

金母天者。金母所居之處也。其天之西。有一宮。名玄都。後有蟠桃園。內有四碑。皆金字雲文雷篆所書。天然之至寶也。中有一宮。金母居焉。管理一切女仙功過。凡女仙有五百功即升一級。有五百過即降一級。其宮之東有一府。名陰精。內藏女仙簿籍。自無始迄今。女子證位金仙者。有二萬八千七百六十四名。又有金山。於人物將生之時。金母即與金氣化為肺神。此金母天也。

二十七

玄都

木公天

木公天分四部。東曰生木。置四碑。亦皆金字雲文雷篆所書。西曰魁木。南曰大木。北曰長木。中有一宮。木公居焉。管理一切男仙功過。有一千功即升一級。有一千過即降一級。其宮之南有一府。名陽明。內藏男仙簿籍。自無始以來男子證位金仙者。不過五萬二千一百四十九名耳。木公後院有寶本林。於人物將生之時。木公即與木氣。化為肝神。此木公天也。

天公木

水精天

水精天。卽世所稱廣野山也。此天乃天內天。爲諸天之宗天。大中至正。不偏不倚。有四院。置四碑。亦皆金字雲文雷篆所書。中有一宮。水精子居焉。卽至聖先師孔子也。聖父聖母在崇聖宮。金僮玉女在傍侍衞。又有復聖宮。顏子在焉。有宗聖宮。曾子居焉。有述聖宮。子思居焉。有亞聖宮。孟子在焉。其餘十二哲。七十二賢。與歷代從祀先賢先儒。俱在此處。又有水精池。其中之水。至寶至貴。先天虛無一氣是也。孟子所謂養浩然之氣。卽此也。於人物將生之時。水精子卽與水氣化爲腎神。此水精天也。

三十一

水精天

赤精天

赤精天分四部。東曰生火。西曰盛火。南曰成火。北曰赳火。中有一宮。名火雲。赤精子居焉。其宮之南有院。名與火置四碑。亦皆金字雲文雷篆所書。總管火事有毒火坑。以水晶蓋壓之。若遇某星球將壞之時。即去某星球之水晶蓋。則毒火大發。焚毀民物。又有火精丹。於人物將生之時。赤精子即與火氣化為心神此赤精天也。

三十三

黃老天

黃老天。黃老之居處也。分五部。東曰尅土。西曰感土。南曰生土。北曰真土。中白成土。內有一宮。名中央黃老居焉。總監衆靈。凡天下生運之數。殺運之數。皆首由黃老。會同金木水火四老。及三清通過。再由上帝及阿修羅王施行。或謂五老三清。其於生運之事。通過上帝施行。固無疑焉。其於殺運之事。通過阿修羅王施行。實所未喻。曰。好生惡殺者。五老三清之情。有生有殺者。五老三清之理。猶之帝王總統官吏。有時生人。亦有時殺人。誠以惡人固不可不殺也。五老三清亦然。以故劫數皆由惡人所造成也。此天之內。又有黃精山。此人物將生之時。黃老卽與土氣化為脾神。此黃老天也。或曰。生運由上帝主之。殺運由阿修羅王主之。是三界有二主矣。乃閱盡古今中外各書。皆云上帝為三界主宰。並無一言阿修羅王為主宰者何也。曰。子未讀易乎。其曰一陰一陽之謂道。陰陽不測之謂神。卽上帝與阿修羅王。道並行而不相悖。小德川流之說也。其曰帝出乎震。齊乎巽。相見乎離。致役乎坤。悅乎兌。戰乎乾。勞乎坎。成言乎艮。乾以君之。卽上帝獨為三界主宰。大德敦化之說也。猶之夫妻居室。夫妻雖並行。而夫固獨為主宰也。妻亦不過附屬於夫耳。

三十五

黄老天

彌羅天

彌羅天者為天中天。上帝所居之處也。為無數奇寶所凝結。無窮秘珍所搆造。共分四處前後九門。中一大宮。以紫金之氣為瓦。以白玉之氣為牆。以水晶之氣為門。以珊瑚之氣為階。門有金龍玉鳳。併大將軍以守之。外有二碑。亦皆金字雲文雷篆所書。上帝之宮。東有長盛宮。基督在焉。西有清真宮。穆罕默德在焉。北有玄天宮。真武居焉。金幢散花。玉女揚烟。聖日聖月。照耀金庭。不可盡述。西門外有一泉。天河之源也。泉之東有宮名曰紫府。內存勅旨五十億六萬八千張。中有玉籍三卷。載鬼之數。其中至秘鬼神所不能聞。此彌羅天也。

三十七

彌羅天

玉樞天

玉樞天者。雷部神將所居之處也。共分四司。一曰積遠。二曰掠剩。三曰冤枉。四曰報應。中有一宮。名五雷宮。九天應元雷聲普化天尊居焉。即我黃種神祖黃帝。化後升授此職也。中置光明如意天尊之處。掌握五雷。龍王侍衛。雷神保護。大帥大將。共百九十人。六百萬雷神。九百九十九龍王。九千九百九十龍。以象純陽之意。四司之制度。各分七局。又有水府龍神居焉。風雷雲雨。皆由此勅發。水府之東。曰風雨會。凡會議風雨。皆在此處。此玉樞天也。

三十九

天仙上天

天仙上天。天天上上相所居之處也。其玄館妙闕。不可盡述。上有孚佑堂。孚佑帝師居焉。別有紫清堂。太玄都省。正一真人祖天師居焉。凌雲堂。玉霄堂。長生堂。福星堂。文昌閣。文昌帝君居焉。圓通閣。南極樓。北極樓。東升樓。西藏樓。正陽樓。威靈樓。關聖帝君居焉。又有天空天柄玄機至清至寧天威諸處。皆金僮玉女侍衛。龍虎守門。各有神真在內。約計二千名。此天仙上天也。

天上仙天

天仙中天

天仙中天者。天上將帥所居之處也。真武所部總兵官員。皆在此處。有天威天英靈官天穴諸處。乃天上住兵之處也。其後有三百院長官大吏居焉。有長春明應宮。邱祖宮焉。又有長生明德宮。長真蘊德宮。丹陽普化宮。廣寧妙極宮。玉陽普度宮。清淨順化宮。劉祖譚祖馬祖郝祖王祖孫祖居焉。此天仙中天也。

四十三

天仙下天

天仙下天者。天上職員所居之處。內分二處。南曰陽靈。北曰陰平。其上有大山二。各有石門。入則殿閣重重。樓臺紛紛。蘭蕙香馥。麟鳳翔舞。珍寶器物。無所不有。南山則茂林修竹。北山則清泉淨溪。雲氣流行。無有止極。此天仙下天也。

天下仙天

金仙上天

金仙上天。無職金仙之居處也。其宮之美麗不可言狀。但有福而無權。皆由在世時。未有非常之功。以恩惠生民。故僅有修道苦行。後雖升天上。亦不能統御諸神。天中分九處。一曰紅光。二曰紫卿。三曰妙行。四曰三生。五曰清寧。六曰福星。七曰成祥。八曰純陽。九曰成陽。皆有玄館妙閣。此金仙上天也。

四十七

金仙上天

金仙中天

金仙中天。金仙中等所居之處也。分二部。南曰金平。北曰玉華。男仙居南部。女仙居北部。男仙之處有太和太升太行太廣諸宮。女仙之處有玄妙宮。溫和宮。貞節宮。翠雲宮。蘭芳宮。各有神真居焉。此天之後有金仙天廚。蓋金仙之不能辟穀者。作食處也。人有極大陰功。方能證此。此金仙中天也。

四十九

天中

金仙下天

金仙下天者。金仙下等所居之處也。共分九處。東曰太清。南曰赤松。西曰白靈。北曰蒼精。東北曰金英。西北曰和平。東南曰天衢。西南曰陽明。中央曰太清。著明者有龍場。龍鳳鸞鶴在焉。又有寶庫。天上珍寶在焉。前有朱雀林。後有玄武池。左有青龍山。右有白虎泉。白靈在天河歸宿之處。四面臨水。芝蘭圍繞。紅蓮叢生。此著名之三處也。以上諸天。乃超乎三界以上。越乎五行以外。是拔陰陽不能束縛。造化不能驅遣。萬劫不壞。永免輪迴。此非三千功滿。八百行圓者。不能證到。有志之人。必修至此。方能止也。

五十二

神仙上天

神仙上天。神仙上等所居之處也。內有奇景。下一蓮莖。長四萬八千餘丈。直至九霄。上有三宮。美不可言。曰天精。地靈。人清。天精。地靈。男仙居焉。人清。女仙居焉。外皆有雲氣圍繞。穩如梯凳。下皆芳草美花。如錦舖地。快樂無窮。此神仙上天也。

神仙

天

神仙中天

神仙中天。神仙中等之居處也。分九處。東曰玄虛。西曰玄英。南曰玄清。北曰玄冥。西南曰玄機。西北曰玄古。東南曰玄烈。東北曰玄元。中央曰玄玄。金室玉宇。皆不見梁柱。中有寶鐘玉磬。金鼓竹簫。乃天上之樂部也。此神仙中天也。

五十五

神仙中天

神仙下天

神仙下天者。神仙下等所居之處也。內分南北二處。男女分別。有節孝宮。中和宮。威烈宮。清秀宮。皆畫棟雕梁。寶燭光明。後有神仙天廚。及神仙製衣所在焉。以上三天。不能超乎三界。亦不能越乎五行。故為陰陽所束縛。造化所驅遣。不能萬劫長存。天福受盡。仍墜塵界。蓋欲界六天。色界十八天。無色界四天。原在六道輪迴之中也。必至二十八天以上。方能超出氣數。人萬萬不可修證到此即止也。自玉樞天以及此天。皆隸於彌羅天。上帝之部屬也。吾人著書。志在俾人同登上聖。故於上帝部下。述之特加詳焉。其阿修羅各部。則不願詳述之矣。不過不得不道及一二耳。

五十七

神仙下天

阿修羅各部

阿修羅部者。魔王所居之處也有四層。第一層魔王居焉。其景象規模與上帝同。但雖在上界。而不見日月星辰。魔王專好殺伐心毒如蛇其在天之兵有三千六百萬。在地之兵。有五千萬。與上帝之將兵同數。其第二層天。將帥居焉。其第一將。即毒龍之所化。其第二將。即一妖狐之所化。更有八部四界。皆置飛刀走劍。鎗礮羅列。虎狼守衛。共三十六萬零八千餘名。有鳥精獸精蟲精魚精。無時不鬪。血湖骨山不可勝數。與上帝為大敵此修羅天也。

五十九

谷部

金仙天仙數目表

金仙上等｛人有九千陰功三千苦行卽能證此位
　　　　　現已有四千名　無量數劫不壞

金仙中等｛人有五千陰功三千苦行卽能證此位
　　　　　現已有九千名　萬萬劫不壞

金仙下等｛人有三千陰功八百苦行卽能證此位
　　　　　現已有三萬名　萬劫不壞

天仙上等｛共計二千名
　　　　　卽金仙而授上職者也

天仙中等｛共計五千廿二名
　　　　　卽金仙而授中職者也

天仙下等｛共計三萬名
　　　　　卽金仙而授下職者也

以上共計八萬零九百十三名

神仙數目表

神仙上等
人有二千陰功六百苦行卽能證此位　現已有三萬二千名
甲能歷一混沌乙能歷十萬年丙能歷八萬年

神仙中等
人有一千陰功四百苦行卽能證此位・現已有七萬名
甲能歷五萬年乙能歷三萬年丙能歷一萬年

神仙下等
人有五百陰功二百苦行卽能證此位其人僅有三百陰功及二百苦行以下者則為鬼仙不能居天矣　現已有十萬八千名
甲能歷六千年乙能歷三千年丙能歷一千年

以上共計二十一萬名

（說明）孟子曰。有天爵者。仁義忠信。樂善不倦。此天爵也。又曰。旣飽以德。言飽乎仁義也。所以不願人之膏粱之味也。今聞廣譽施於身。所以不願人之文繡也。孟子早以言之。惜程朱註釋。恐雜入道佛。未敢直言無隱。遂致天下後世。捨其良貴。祇求趙孟之所貴。降至清季。東郭墦間之羞。不堪言矣。民國成立。人皆平等。無分貴賤。總統官吏。無非服務。名為公僕。求貴之風。宜可稍息。乃求之者。竟至為清季諸人所不忍為。不惜以殘賊求之。不惜以兵戎求之。推其用心。雖糜爛全國。亦必遂其一二人求貴之欲。詎知此等行為。於人固不利。於己亦豈有倖哉。終亦必亡而已矣。則惑之甚者也。曾亦思孟子天爵之言乎。竊願人之汲汲進修也。孟子曰。夭壽不貳。修身以俟之。所以立命也。夭壽不貳。卽謂於肉身看的破也。修身以俟之。卽謂於性身認的真也。所以立命也。卽謂立死而不亡之壽也。老子曰。死而不亡者壽。孔子曰。仁者壽。壽非指七十百年之形壽也。乃指千秋萬古之神壽也。設指形壽而言。顏子仁者。何以三十二而夭乎。或曰。道家所言天仙金仙。神仙地仙。人仙鬼仙。名目為怪誕。豈知其理本中正乎。道家之所謂天仙金仙。卽孟子之所謂神人聖人也。所謂神仙地仙。卽孟子之所謂大人美人也。所謂人仙鬼仙。卽孟子之所謂信人善人也。名雖不同。義則一也。孔子又曰。窮理盡性以至於命。精義入神。以致用也。利用安身。以崇德也。窮神知化德之盛也。非皆指此天爵言乎。人欲求貴。又何苦捨此死而不亡。多歷歲月之良貴。而求不可必得。朝夕即滅趙孟之所貴哉。若知此則此乃述孔子孟子所欲言而未暇言者。詎可指爲小子之夢語耶。

大千圖說上卷　終

中界論

中界者、上下之間也。不分層次。而分星系。其數不能備舉。大約諸星之中。紫微最大。位鎮中央。故為衆星之主。有北斗、南斗、東斗、西斗、中斗。二十八宿繞之。而為紫微系。其外衆星。內有太陽系。水星、金星、地球星、火星、木星、土星。天王星。海王星及小行星繞之。餘系則不可計數。乃無數恒星行星所合而成也。又衆星系之極南為南極系。衆星系之極北為北極系。各依軌道而行。諸星之質差異不同。有土質者。有金質者。有木質者。有石質者。有鐵質者。有一月者。有無月者。有衆月者。有生火者。有生金者。有生水者。有生木者。其上之人。亦相差別。有能飛者。有能行者。有食物者。有不食者。總之皆有常質常形。所謂常人能見能聞之物。不能永存而不壞。歷年既久。刼火一燒。則不知墮落於何處矣。此中界之大概也。

山東歷城十歲童子江希張著併繪圖

中界目錄

紫微星系

紫微星論

紫微星、萬星之主也。較太陽大十萬餘倍。發極明之紫光。質如紫金。內含磁性。故能吸引衆星。其直徑長二千五百八十萬萬零一百萬里。恆居其所而不動移。上有光球。能自旋轉。約地球二百九十三日。即自轉一週。設將地球置紫微星中。猶太倉之一粟。大海之一杓也。因其熱力極大。故不能生人。然紫微星君居焉。掌理人間禍福善惡。前因後果。富貴貧賤。生死時間。無不由之。而予奪焉所以然者。紫微為一切星球之主。凡一切星球人民。皆歸其總治焉。即中界之主宰也。然猶仰承上帝之命令。施行。不敢自專。其系有北斗。南斗。中斗。西斗。東斗。及二十八宿。其外衆星系各星。亦無不共之也。

紫微星君

紫微星系總論

紫微星系。統轄諸星。亦云多矣。而其無人無物之理由。乃是治人者之地。而非生人。之鄉也。雖是天境。又何為置於中界哉。乃因其有常形有常質常人能見之耳。故不附之上界。而列於中界也。雖列之中界。仍上界馬。乃中界之上界也。總攝一切星球。為之主宰。其布政行令諸星。曰五十。二十八宿北斗七星。南斗六星。東斗三星。西斗四星。中斗五星。角宿二星。曰天福。天貴。亢宿四星。曰天庫。天貫。天印天清。氐宿四星。曰天祿。天壽。紅鸞。天杖。房宿五星。曰天房。毛頭。天刃。天哭。天姚。心宿三星。曰天心。天刑。天空。尾宿九星。曰天尾。天虛。天吉。天靈。天恩。天德。天合。天守。天區箕宿四星。曰天箕。天竹。天山。天森井宿八星。曰天井。天倉。福德。天劫。天煞。天異。天庚。天明。鬼宿四星。曰度鬼。小符。消災。天火。柳宿八星。曰天柳。威澤。廣澤廣成。廣平。廣心。廣智。廣寧。星宿七星。曰天吉。金室。玉宇。天賊劫煞。天馬。月煞。張宿六星。曰小張。天池。天堂。白虎。天重。月德。翼宿二十一星曰天翼。玉堂。三合。月恩。普護。五富。福生。天喜。天醫。月空。四相。六合。明堂。咸池。大敗。月破九空。遊禍。五離。大煞。正罡。軫宿七星。曰天虛。地火。土符。百忌。天赦。土府。金堂。奎宿十六星。曰天后。天女。天蛇。天雞。天修。天通。天光。天新。天丹。天亢。天享。天京。

天永。天海。天桓。天興。婁宿三星。曰干雲。連雲厚雲。胃宿三星。曰元陽中陽。三陽。昴宿七星。曰高厚高明。高吉。高才。高正。高品。高敦。畢宿七星。曰水府。畢集。天仁。天義。天忠。天孝。天節。觜宿三星。曰驛馬。天敬。天合。參宿七星。曰官符。天烏。大耗。小耗。瘟疫。五墓。月害。斗宿十三星。曰天斗。天升。天巫。天泉。天玄。天金。朱雀。青龍。玄武。天廚。天奎。木狼。金狗。牛宿六星。曰天牛。金牛。牛首。駿馬。陰德。天川。女宿四星。曰玉女。室女。雲蘿。彩鳳。虛宿二星。曰四廢。九凶。危宿七星。曰天危、大凶。九火。七死。飛廉。撞命。劍鋒。室宿七星。曰天室。天祿。天苑。天囿。天園。天圃。天門。壁宿二星。曰歲破。黃幢。如是等等。善星。惡星。有賜福者。有降災者。報應毫髮不爽。皆承紫微星君命令施行。五斗星君。更其重要。故特加分論。二十八宿。其星甚繁。故將其大小。地質。衛星。山水。皆列於表內焉。

紫微星象全圖

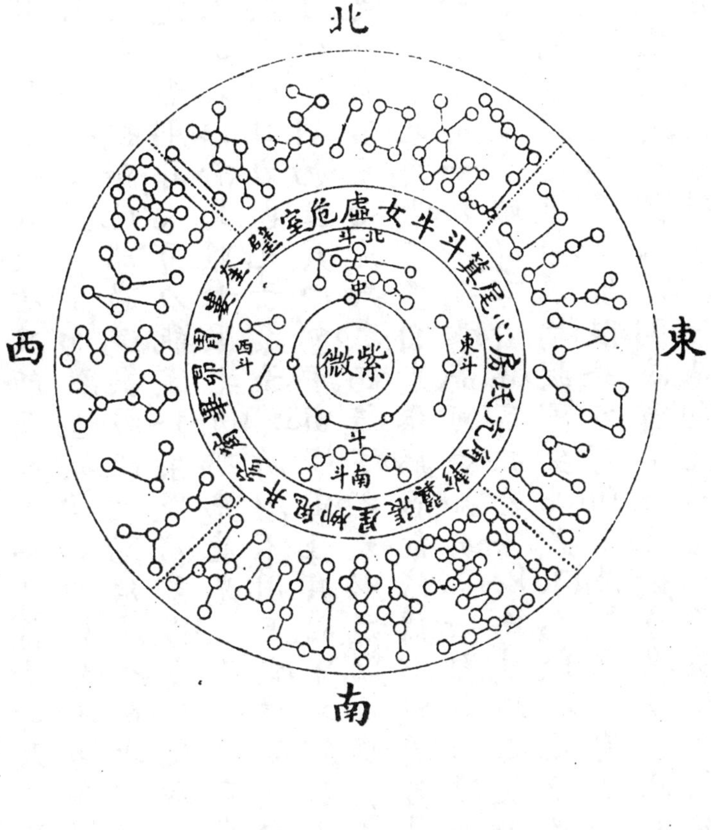

（說明）孔子曰。為政以德。譬如北辰。居其所而衆星共之。孟子曰。天之高也。星辰之遠也。苟求其故。千歲之日至。可坐而致也。孔子之所謂北辰。可謂紫微也。以位居三界之中心也。紫微距地球過遠矣。較距太陽殆遠八萬七千三百倍有奇。而吾人猶能見之者。則非人目力能達於紫微。乃紫微之光能射入人目也。若紫微無光。其太遠者無論矣。雖千里之近。亦弗能見也。近天文家窺測各星。用天文鏡者。以其能助目力也。孔子孟子之所以不用天文鏡而能自知者。以其目力能與日月合其明也。且其心包宇宙。宇宙在其心中。又何有不知之處哉。聖人必先能之。而後言之。必先知之。而後述之。夫以鏡助目力。取之於外也。以道助目力。得之於內也。外物有盡。自光無窮。若能修德以凝道。舍外以就內。自於三千大千世界所有一切。不閱書而可盡知矣。小子雖無知識。然於聖人已言者。而後言之。已言而未暇詳言者。詳言之。若必以為荒唐之談。渺茫之語。則孟子所言天之高。星辰之遠。苟求其故。可坐而致。不為欺人之語乎。且紫微星系諸星繁多。設一一而論及之。實限於力有所不能。故擇其要者詳言之。刪其繁者簡言之。尚乞閱者。詳諸言外。則諒宥小子之微意矣。明乎此。則衆星系內。太陽系。南極系。北極系。不待言矣。如是則此乃述孔子孟子之所欲言。而未暇詳言者。詎可指為小子之夢語耶。

北斗星

北斗七星曰貪狼星。巨門星。祿存星。文曲星。廉貞星。武曲星。破軍星。凡人將生之時。上帝希水精子。轉發紫微。再令北斗註明玉冊。方能生胥。當其人未生之先。北斗已將其人宜死何年何月何日何時。書於玉冊。發於冥王。令一殿冥君施行。迨其時至。先鉤其魂。再滅其魄。如燈滅火息。不能生矣。諺云先註死。後註生。誠不謬也。擇其善者。超升上界。平常之人。仍在中界。若有大惡。則降下界。受苦無窮矣。七星之外。又有外輔內弼。惟人目不能見之耳。

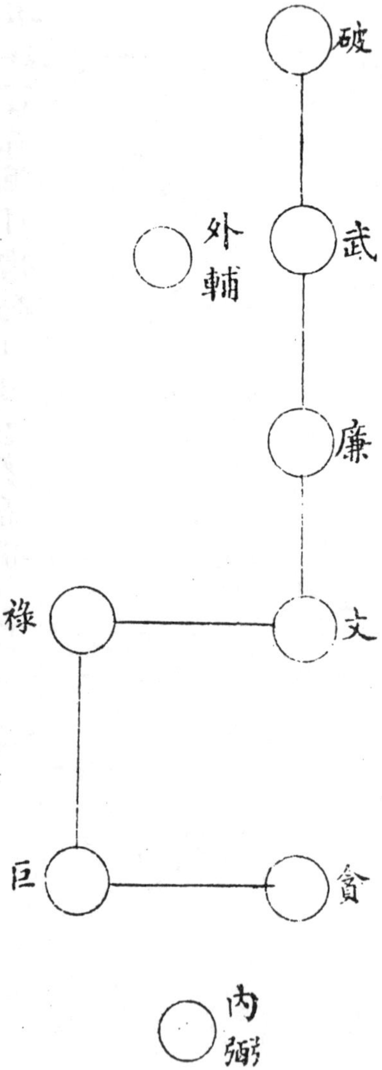

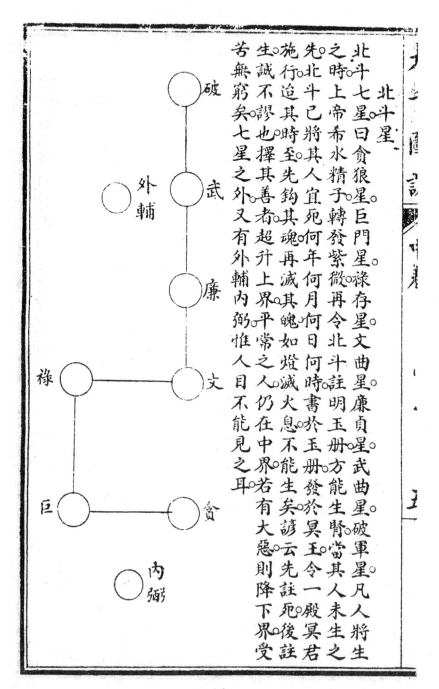

北斗星君

南斗星

南斗六星。曰天府星。天相星。天梁星。天同星。天樞星。天機星。凡人將生之時。上帝希赤精子。轉發紫微。再令南斗。註明玉册。方能生心。即將年月日時。書於玉册。發於冥王令十殿冥君施行。會有小兒落地。囫地一哭之時。魂由是而入焉。不論何人。富貴貧賤。皆有定數。邵子言一飲一酌。莫非前定。誠不謬也。惟道德仁義。則全任人之自修耳。孟子曰。求之有道。得之有命。是求無益於得也。求在外者也。求則得之。舍則失之。是求有益於得也。求在我者也人可不素位而行。惟道德仁義之是求哉。

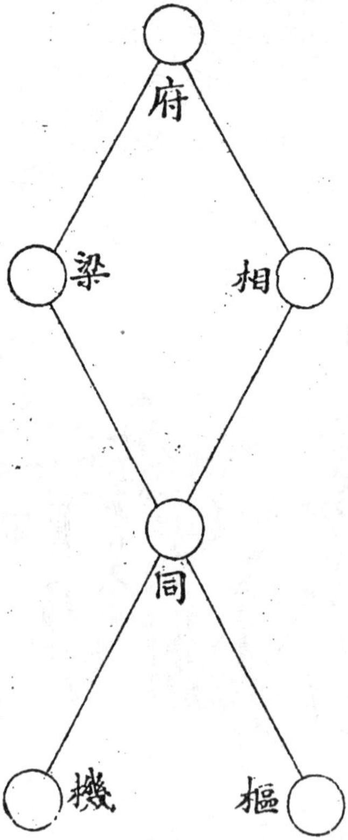

南斗星君

東斗星

東斗三星。曰天棟星。天威星。天輿星。凡人將生之時。上帝希木公。轉發紫微。再令東斗。註明玉冊。方能生肝。人之一生。窮富由之而定。賞罰由之而行。一大惡減一歲。一小惡減一月。甚至動一惡念。出一惡言。重則減日。輕則減時。此所以有祁天宗之事。不宜死而竟死也。為善則增歲月。不待言矣。此所以有袁了凡之宜死而反不死也。小人閒居為不善。無所不至。見君子而後掩然。掩其不善而着其善。君子尚如見其肺肝然。況星君乎。

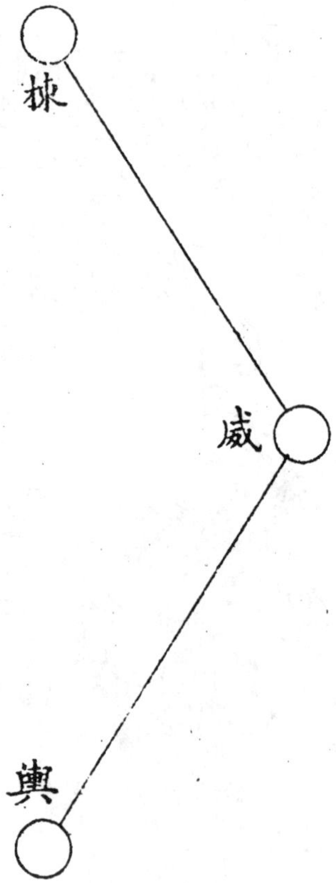

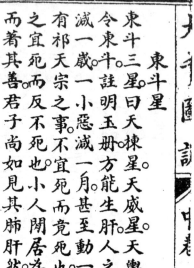

東斗星君

西斗星

西斗四星。曰長明星。長祥星。長安星。長泰星。凡人將生之時。上帝命金母。轉發紫微。再令西斗。註於玉冊。方能生肺。人之一生。富貴貧賤。年月日時。所在之地方。及其子女之多寡。賢愚。大公無私。皆以其前生善惡而定之也。俗語云。欲知前世因。細看今生受。欲知後世果。細思今生作。由此觀之。人可不慎獨乎。

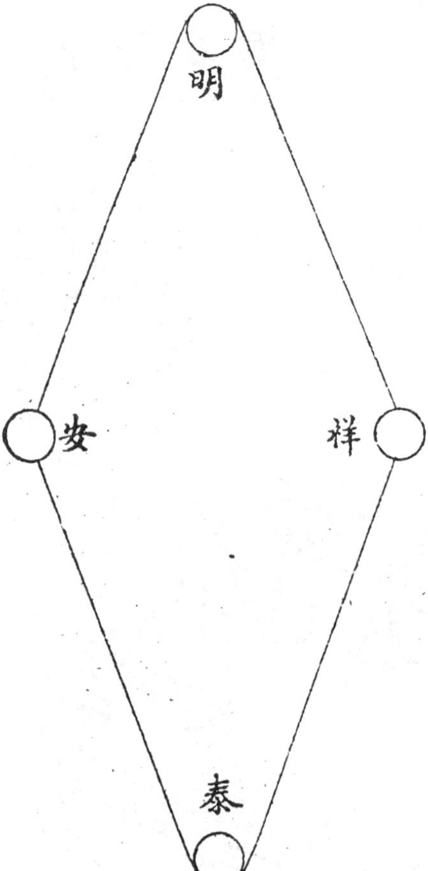

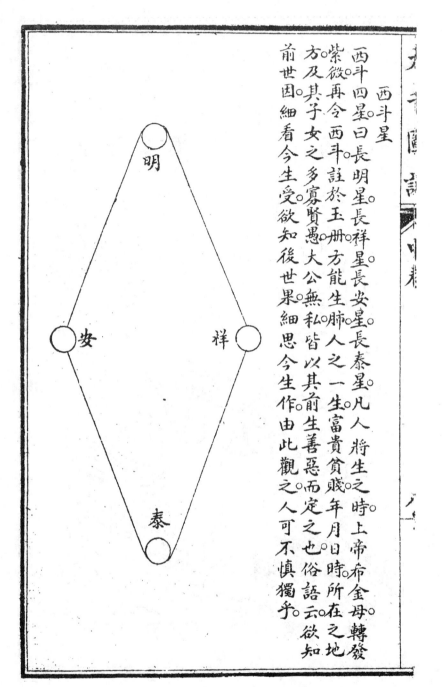

西斗星君

中斗星

中斗五星。曰天和星。天平星。天中星。天權星。天烈星。凡人將生之時。上帝希黃老。轉發紫微。再令中斗。註明玉冊。方能生脾。中斗總攝萬靈。為紫微之副。主東斗南斗西斗北斗。必有中斗印節。始能施行。乃最要之樞機也。天中星一名斗母星。內有斗母宮。乃斗母所居之處也。

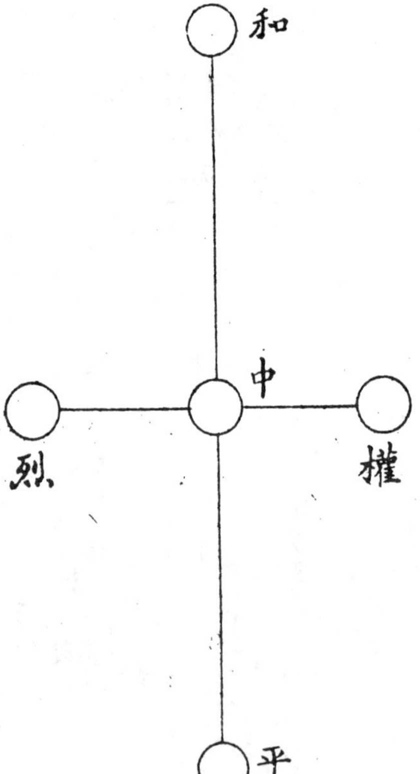

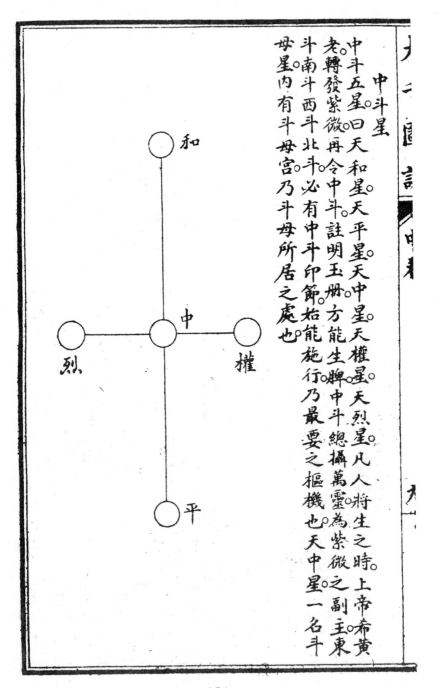

中斗星君

（說明）或曰。一切星球之人多矣。一日所生死者。殆不可以數計也。倘必一一經理。諸神恐亦不勝其煩矣。曰惟爲獲能舉爲獲之任。他人又何必代爲憂哉。一上帝諸神。以意運不以力運。以氣化不以形化。有全能至能不勞而理。固不可以常人之知知也。固不可以塵界之理理也。小子嘗謂於宗教用力到極處即爲科學哲學。於科學哲學用力到極處。即爲宗教。宗教與科學哲學。固一而三者也。科學哲學與宗教。仍三而一者也。如其不信。請舉科學哲學所有一切問題。設能研究到至極處。即屬不可思擬不可言說境界。宗教之妙。亦無非不可思擬不可言說而已矣。中庸曰。天地之道。可以一言而盡也。其爲物不貳。則其生物不測。是科學哲學與宗教。本爲一家。無此疆彼界。又何必強爲分別。日日操戈從事乎。

紫微系諸星大小地質衛星山水一覽表

北斗七星

(一)貪狼星——直徑二萬七千八百九十里△無衛星
地質似水晶二水二火二石汁△有山河

(二)巨門星——直徑五萬六千里△無衛星
地質似木三水三火二石汁△有山河

(三)祿存星——直徑五萬七千六百里△旁有外輔然非其衛星故不繞之△地質似黃石二水一火一石汁△有山河

(四)文曲星——直徑四萬里△無衛星
地質似革四水一火一石汁△有山河

(五)廉貞星——直徑五萬一千三百里△無衛星
地質似金二水二火二石汁△有山河

(六)武曲星——直徑三萬九千五百里△無衛星
地質似玉微透亮二水一火一石汁△有山河

(七)破軍星——直徑五萬二千里△旁有內弼然非其衛星故不繞之△地質似鐵三水二火一石汁△有山河

南斗六星

(一)天府星（直徑四萬里△有衛星
地質似土一水一火一石汁△有山河

(二)天相星（直徑五萬三千里△有衛星
地質與地球同四水一火無石汁△有河無山

(三)天梁星（直徑三萬八千里△有衛星
地質似白鉛二水二火二石汁△有山河

(四)天同星（直徑五萬里△一衛星
半鐵質石質三水四火三石汁△有山河

(五)天樞星（直徑五萬三千里△三衛星
半土質半沙質一水一火無石汁△有河無山

(六)天機星（直徑四萬零七百九十里△無衛星
地質似石英三水一火一石汁△有山河

(一)天棟星（直徑六萬零六百里△二衛星
地質似木四水二火一石汁△有山河

東斗三星

(二)天輿星——直徑五萬八千里。無衛星
質半金半鉛二水四火二石汁。有山河

(三)天威星——直徑五萬四千二百里。一衛星
質似煤不能燃無他物。無山河

西斗四星

(一)長明星——直徑四萬零八里。無衛星
質似玻璃自能發光一水二火一石汁。有山河

(二)長祥星——直徑四萬二千里。無衛星
質似泥久不乾四水一火一石汁。有山河

(三)長安星——直徑長二萬九千八百里。一衛星
質似鹽土明而色白一水三火三石汁。有山河

(四)長泰星——直徑二萬九千九百里。無衛星
地質似沙礫五水一火無石汁。有河無山

(一)天和星——直徑三萬三千里。一衛星
質似黃錫三水三火三石汁。有山河

中斗五星

（二）天平星（直徑四萬里△無衛星
質似石四水三火三石汁△有山河

（三）天中星（直徑四萬五千三百里△三衛星
質似半鐵半銅三水無火無石汁△有河無山

（四）天權星（直徑二萬三千八百里△無衛星
質似半石英半水晶一水二火三石汁△有山河

（五）天烈星（直徑五萬里△三衛星
質似金無水無火△無山河

角宿二星

（一）天福星（直徑二萬七千里△無衛星
質似青石三水三火二石汁△有山河

（二）天貴星（直徑四萬里△三衛星
質似香木一水一火一石汁△有山河

（一）天庫星（直徑三萬二千里△二衛星
質似紫金一水二火一石汁△有山河

亢宿四星

(二)天貫星——直徑四萬四千里△無衛星
地質似銅無水無火無石汁△無山河

(三)天印星——直徑二萬九千五百里△三衛星
地質似土二水二火二石汁△有山河

(四)天清星——直徑四萬里△無衛星
地質似鉛二水一火無石汁△有山無河

氐宿四星

(一)天祿星——直徑三萬六千里△一衛星
地質似琥珀三水三火二石汁△有山河

(二)天壽星——直徑四萬一千里△無衛星
地質似赤金二水二火一石汁△有山河

(三)天杖星——直徑四萬一千五百里△無衛星
地質似土一水二火二石汁△有山河

(四)紅鸞星——直徑三萬里△無衛星
地質似土無水無火無石汁△無山河

房宿五星

（一）天房星——直徑三萬里△二衛星
地質似鐵二水二火二石汁△有山河

（二）毛頭星——直徑三萬二千里△無衛星
地質似華而輕一水二火一石汁△有山河

（三）天刃星——直徑四萬三千八百里△一衛星
地質似紫金一水一火一石汁△有山河

（四）天哭星——直徑四萬里△二衛星
地質似水晶二水二火無石汁△有河無山

（五）天姚星——直徑三萬二千一百里△一衛星
地質似石二水二火一石汁△有山河

心宿三星

（一）天心星——直徑五萬五千里△無衛星
地質似沙礫二水二火二石汁△有山河

（二）天刑星——直徑五萬里△一衛星
地質似土二水二火一石汁△有山河

尾宿九

(三)天空星——直徑三萬二千四百里。二衛星
地質似金甚重無水無火無石汁。無山河

(一)天尾星——直徑長三萬里。無衛星
地質似鐵一水一火一石汁。有山河

(二)天宿星——直徑長二萬二千里。無衛星
地質似黃石無水無火無石汁。無山河

(三)天吉星——直徑四萬里。無衛星
地質似金一水一火一石汁。有山河

(四)天靈星——直徑四萬零五百里。無衛星
地質似銅二水一火無石汁。有河無山

(五)天恩星——直徑四萬一千里。一衛星
地質似鐵無水無火無石汁。無山河

(六)天德星——直徑四萬一千五百里。無衛星
地質似石二水一火無石汁。有河無山

星

(七)天合星——直徑四萬二千里。二衛星

地質似水晶無水無火無石汁。無山河

(八)天守星——直徑四萬二千二百里。無衛星

地質似土一水一火一石汁。有山河

(九)天區星——直徑四萬三千里。無衛星

地質似華二水二火二石汁。有山河

箕宿四星

(一)天箕星——直徑四萬三千五百里。無衛星

地質似炭無水無火無石汁。無山河

(二)天竹星——直徑四萬四千里。無衛星

地質似棉無水無火無石汁。無山河

(三)天山星——直徑四萬里。三衛星

地質似鐵三水無火無石汁。有河無山

(四)天森星——直徑二萬三千八百里。無衛星

地質似石英二水二火二石汁。有山河

井宿八星

(一)天井星——直徑五萬里△三衛星

地質似金剛石無水無火△無山河

(二)天倉星——直徑二萬七千里△無衛星

地質似青石三水二火二石汁△有山河

(三)福德星——直徑四萬里△三衛星

地質似香木一水一火一石汁△有山河

(四)天劫星——直徑三萬二千里△二衛星

地質似紫金一水二火一石汁△有山河

(五)天煞星——直徑四萬四千里△無衛星

地質似鋼無水無火無石汁△無山河

(六)天異星——直徑二萬九千五百里△二衛星

地質似土二水二火二石汁△有山河

(七)天庚星——直徑四萬里△無衛星

地質似鉛二水一火無石汁△有河無山

(八)天明星　直徑三萬六千里。一衛星
地質似琥珀一水三大二石汁。有山河

鬼
(一)度鬼星　直徑四萬一千里。無衛星
地質似赤金二水二火一石汁。有山河

宿
(二)天火星　直徑四萬一千五百里。無衛星
地質似木二水二火二石汁。有山河

四
(三)小符星　直徑三萬里。一衛星
地質似土無水無火無石汁。無山河

星
(四)消災星　直徑三萬九千里。二衛星
地質似鐵二水二火一石汁。有山河

柳
(一)天柳星　直徑三萬二千里。無衛星
地質似革而輕一水二大一石汁。有山河

(二)盛澤星　直徑四萬三千八百里。一衛星
地質似紫金一水二火二石汁。有山河

宿八星

(三)廣成星——直徑三萬八千一百里△一衛星
地質似石二水二火一石汁△有山河

(四)廣澤星——直徑三萬五千里△無衛星
地質似沙礫二水二火二石汁△有山河

(五)廣平星——直徑五萬里△無衛星
地質似土二水二火一石汁△有山河

(六)廣心星——直徑三萬四千二百里△無衛星
地質似金無水無火無石汁△無山河

(七)廣智星——直徑長三萬里△無衛星
地質似鐵無水無火無石汁△無山河

(八)廣寧星——直徑長三萬二千里△無衛星
地質似黃石無水無火無石汁△無山河

(一)天吉星——直徑四萬里△無衛星
地質似金一水一火一石汁△有山河

星宿七星

(二)金室星——直徑四萬零五百里。無衞星
地質似銅二水二火二石汁。有山河

(三)玉宇星——直徑四萬一千里。無衞星
地質似鐵無水無火無石汁。無山河

(四)天賊星——直徑四萬零八百里。無衞星
地質似玻璃自能發光無水無火。無山河

(五)劫煞星——直徑四萬二千里。無衞星
地質似泥四水一火一石汁。有山河

(六)天馬星——直徑長二萬九千八百里。一衞星
地質似鹽二水四火一石汁。有山河

(七)天煞星——直徑四萬里。無衞星
地質似革四水一火無石汁。有河無山

(一)小張星——直徑五萬一千三百里。無衞星
地質似金三水二火二石汁。有山河

張宿六星

(二)天池星︵直徑三萬九千八百里△無衞星
地質似玉微透明二水二火二石汁△有山河

(三)天堂星︵直徑五萬七千里△二衞星
地質似鐵三水二火一石汁△有山河

(四)白虎星︵直徑四萬里△無衞星
地質似木其味香一水一火一石汁△有山河

(五)天重星︵直徑五萬三千里△無衞星
地質與地球同四水一火一石汁△有山河

(六)月德星︵直徑三萬二千里△無衞星
地質似白鉛二水二火二石汁△有山河

(一)天翼星︵直徑五萬里△無衞星
地質半鐵半石三水四火三石汁△有山河

(二)玉堂星︵直徑五萬三千里△無衞星
地質似石英四水一火一石汁△有山河

翼宿

(三)三合星——直徑四萬零三百九十里△無衛星
地質似石三水一火一石汁△有山河

(四)月恩星——直徑六萬零六百里△無衛星
地質如土四水二火二石汁△有山河

(五)普護星——直徑五萬八千里△無衛星
地質半金半鉛二水四火三石汁△有山河

(六)五富星——直徑五萬四千二百里△無衛星
地質似煤不能燃無他物△無山河

(七)福生星——直徑四萬零八百里△無衛星
地質似玻璃自能發光一水二火二石汁△有山河

(八)天喜星——直徑四萬二千里△無衛星
地質似泥久不乾四水一火一石汁△有山河

(九)天醫星——直徑二萬九千八百里△無衛星
地質似鹽土明而色白一水二火三石汁△有山河

二十

(十) 月空星——直徑二萬九千九百里△無衛星

地質似沙礫五水一火一石汁△有山河

(十一) 四相星——直徑三萬三千里△無衛星

地質似黃錫三水三大二石汁△有山河

(十二) 六合星——直徑四萬里△無衛星

地質似長石四水三火三石汁△有山河

(十三) 明堂星——直徑四萬五千三百里△無衛星

地質半鐵半銅三水二火二石汁△有山河

(十四) 咸池星——直徑三萬一千里△一衛星

地質似半石英半水晶二水二火二石汁△有山河

(十五) 大敗星——直徑五萬里△無衛星

地質似金石無水無火無石汁△無山河

(十六) 月破星——直徑三萬七千里△無衛星

地質似青石三水三火二石汁△有山河

一星軫

(十七) 九空星——直徑四萬里△無衛星
地質似香木一水一火一石汁△有山河

(十八) 遊禍星——直徑三萬七千一百里△二衛星
地質似紫金一水二火一石汁△有山河

(十九) 五離星——直徑四萬二千里△一衛星
地質似銅無水無火無石汁△無山河

(二十) 大煞星——直徑二萬九千五百里△無衛星
地質似土二水二火二石汁△有山河

(二十一) 正罡星——直徑四萬里△無衛星
地質似鉛二水一火一石汁△有山河

(一) 地火星——直徑三萬六千里△二衛星
地質似琥珀三水二火一石汁△有山河

(二) 天虛星——直徑二萬三千里△四衛星
地質似香木一水一火一石汁△有山河

宿　七　星

(三)百忌星
直徑三萬五千五百里△二衛星
地質似木二水二火一石汁△有山河

(四)天赦星
直徑二萬里△無衛星
地質似石一水一火無石汁△有河無山

(五)土府星
直徑三萬三千里△八衛星
地質似鐵三水二火二石汁△有山河

(六)土符星
直徑四萬一千里△無衛星
地質似赤金二水二火一石汁△有山河

(七)金堂星
直徑四萬一千五百里△一衛星
地質似木一水二火二石汁△有山河

(一)天后星
直徑三萬里△二衛星
地質似土無水火石汁△無山河

(二)天女星
直徑二萬九千里△無衛星
地質似鐵二水二火一石汁△有山河

奎宿

（三）天蚝星——直徑四萬二千里△無衛星
地質似~革而輕一水二火一石汁△有山河

（四）天雞星——直徑四萬三千八百里△無衛星
地質似紫金二水二火三石汁△有山河

（五）天修星——直徑三萬里△二衛星
地質似水晶二水二火一石汁△有山河

（六）天通星——直徑三萬八千一百里△無衛星
地質似石二水二火一石汁△有山河

（七）天光星——直徑三萬五千里△無衛星
地質似沙礫二水二火二石汁△有山河

（八）天新星——直徑五萬里△無衛星
地質似土二水二火一石汁△有山河

（九）天丹星——直徑三萬四千二百里△無衛星
地質似金甚重無水火石汁△無山河

十六星

（十）天亢星：直徑長三萬里。無衛星。地質似鐵無水火石汁。無山河

（十一）天享星：直徑長三萬二千里。無衛星。地質似黃石無水火石汁。無山河

（十二）天京星：直徑四萬里。無衛星。地質似金一水一火一石汁。有山河

（十三）天永星：直徑四萬五百里。無衛星。地質似銅二水一火一石汁。有山河

（十四）天海星：直徑四萬一千里。無衛星。地質似鐵無水火石汁。無山河

（十五）天桓星：直徑四萬二千里。無衛星。地質似石一水二火一石汁。有山河

（十六）天興星：直徑三萬二千里。無衛星。地質似銅無水火石汁。無山河

婁宿三星

(一)千雲星——直徑一萬里。三衛星
地質似石一水一火一石汁。有山河

(二)連雲星——直徑四萬三千里。一衛星
地質似玻璃二水三火三石汁 有山河

(三)厚雲星——直徑五萬八千里。三衛星
地質似鐵一水二火二石汁。有山河

胃宿三星

(一)元陽星——直徑五萬八千里。三衛星
地質似鐵一水二火二石汁。有山河

(二)中陽星——直徑三萬八千里。二衛星
地質似銅二水二火二石汁。有山河

(三)三陽星——直徑三萬一千里。二衛星
地質似水晶一水一火一石汁。有山河

(一)高厚星——直徑三萬一千里。一衛星
地質似銅二水二火二石汁。有山河

昴宿七星

(二)高明星——直徑三萬二千里△無衛星
地質似土無水火石汁△無山河

(三)高吉星——直徑四萬八千里△一衛星
地質似石四水四火四石汁△有山河

(四)高才星——直徑四萬八千里△三衛星
地質似土五水二火二石汁△有山河

(五)高正星——直徑四萬一千里△無衛星
地質似石三水一火一石汁△有山河

(六)高品星——直徑三萬五千里△三衛星
地質似銅一水二火二石汁△有山河

(七)高敦星——直徑四萬里△三衛星
地質似金二水二火二石汁△有山河

(一)水府星——直徑四萬二千五百三十里△三衛星
地質似銅二水二火二石汁△有山河

畢宿七星

（二）畢集星——直徑四萬一千八百六十四里△四衛星
地質似錫二水二火二石汁△有山河

（三）天仁星——直徑三萬六千里△一衛星
地質似土一水一火一石汁△有山河

（四）天義星——直徑三萬一千里△一衛星
地質似土二水四火四石汁△有山河

（五）天忠星——直徑三萬四千里△無衛星
地質似土一水一火一石汁△有山河

（六）天孝星——直徑三萬四千里△一衛星
地質似石五水五火五石汁△有山河

（七）天節星——直徑四萬七千里△無衛星
地質似銅六水四火四石汁△有山河

（一）天敬星——直徑四萬三千里△無衛星
地質似土一水一火一石汁△有山河

觜宿三星　參宿七

(二)驛馬星——直徑五萬里△無衛星
地質似鉛一水二火二石汁△有山河

(三)天合星——直徑三萬五千里△一衛星
地質似鐵二水三火三石汁△有山河

(一)官符星——直徑四萬八千里△一衛星
地質似鐵一水一火一石汁△有山河

(二)天烏星——直徑四萬八千里△一衛星
地質似銅一水二火二石汁△有山河

(三)大耗星——直徑三萬一千里△一衛星
地質似金三水二火二石汁△有山河

(四)小耗星——直徑三萬二千里△一衛星
地質似金三水二火二石汁△有山河

(五)瘟疫星——直徑三萬四千里△一衛星
地質似石一水一火一石汁△有山河

星斗宿

(六)五墓星——直徑四萬五千里△無衛星
地質似石二水二大二石汁△有山河

(七)月害星——直徑四萬八千里△無衛星
地質似石三水三大三石汁△有山河

(一)天斗星——直徑三萬四千里△無衛星
地質似鐵無水無大無石汁△無山河

(二)天升星——直徑二萬四千里△無衛星
地質似銅一水一大一石汁△有山河

(三)天巫星——直徑三萬六千里△無衛星
地質似石二水二大二石汁△有山河

(四)天玄星——直徑四萬七千里△無衛星
地質似土四水二大二石汁△有山河

(五)天泉星——直徑三萬二千里△無衛星
地質似銅三水三大三石汁△有山河

十三星

(六)天金星——直徑三萬四千八百里△無衛星
地質似土四水三火三石汁△有山河

(七)朱雀星——直徑二千四百里△無衛星
地質似石三水三火三石汁△有山河

(八)青龍星——直徑四萬二千里△一衛星
地質似石五水二火二石汁△有山河

(九)玄武星——直徑二萬七千里△無衛星
地質似土一水一火一石汁△有山河

(十)天廚星——直徑四萬二千里△無衛星
地質似鐵五水二火二石汁△有山河

(十一)天奎星——直徑一萬二千里△無衛星
地質似金三水三火三石汁△有山河

(十二)木狼星——直徑五萬里△一衛星
地質似銅一水一火一石汁△有山河

牛宿六星

(十三)金狗星（直徑四萬二千七百里△一衛星
地質似石二水二火二石汁△有山河

(一)天牛星（直徑二萬一千七百里△無衛星
地質似鐵四水一火一石汁△有山河

(二)金牛星（直徑二萬一千四百里△一衛星
地質似石三水一火一石汁△有山河

(三)牛首星（直徑四萬一千八百四十里△無衛星
地質似銅一水二火二石汁△有山河

(四)駿馬星（直徑二萬一千四百八十里△一衛星
地質似鐵五水二火二石汁△有山河

(五)陰德星（直徑一千二百八十五里△一衛星
地質似水晶一水一火一石汁△有山河

(六)天川星（直徑一萬八千零七十三里△二衛星
地質似玉二水二火二石汁△有山河

女宿四星

(一)玉女星
直徑二萬一千七百三十四里。一衛星
地質似水晶三水一火一石汁。有山河

(二)室女星
直徑一萬二千八百二十里。無衛星
地質似水晶一水一火一石汁。有山河

(三)雲羅星
直徑二萬一千四百七十八里。一衛星
地質似石一水一火一石汁。有山河

(四)彩鳳星
直徑一萬二千七百里。無衛星
地質似土二水二火二石汁。有山河

虛宿二星

(一)四廢星
直徑四萬二千七百七十四里。一衛星
地質似鐵一水二火一石汁。有山河

(二)九凶星
直徑四萬二千八百九十四里。二衛星
地質似石土二水二火二石汁。有山河

(一)天危星
直徑二萬四千二百七十二里。無衛星
地質似土三水二火二石汁。有山河

危宿七星

(二)大凶星（直徑二萬四千七百四十二里。無衛星
地質似水晶一水一火一石汁。有山河

(三)九火星（直徑一萬二千二百二十四里。無衛星
地質似土一水一火一石汁。有山河

(四)七死星（直徑一萬二千二百二十四里。無衛星
地質似水晶一水一火一石汁。有山河

(五)飛廉星（直徑二萬四千八百七十四里。無衛星
地質似鐵一水一火一石汁。有山河

(六)撞命星（直徑一萬一千二百七十四里。無衛星
地質似土二水二火二石汁。有山河

(七)劍鋒星（直徑一萬二千四百六十四里。二衛星
地質似水晶二水二火二石汁。有山河

(一)天室星（直徑一萬二千三百四十五里。二衛星
地質似水晶五水一火一石汁。有山河

室宿

(二)天棶星 直徑三萬二千一百七十八里△三衛星 地質似土一水一火一石汁△有山河

(三)天苑星 直徑四萬一千二百七十四里△二衛星 地質似水晶一水一火一石汁△有山河

(四)天囷星 直徑二萬一千八百八十四里△三衛星 地質似土一水一火一石汁△有山河

(五)天園星 直徑三萬七百八十四里△三衛星 地質似水晶一水一火一石汁△有山河

(六)天圃星 直徑三萬五千里△無衛星 地質似土一水一火一石汁△有山河

七星

(七)天門星 直徑二萬九千里△無衛星 地質似金無水無火無石汁△無山河

壁宿

(一)歲破星 直徑三萬四千五百里△一衛星 地質似鉛二水二火二石汁△有山河

二星

(二)黃幢星（直徑四萬一千里△無衞星地質似炭無水無火無石汁△無山河

二十八宿各星星君

（說明）以上紫微五斗。及二十八宿各星君。皆操人間吉凶禍福之柄者也。故關係至鉅。不可不知。夫天道賞善罰惡。絲毫不爽。而其善者有禍。惡者得福。是何理也。為生初氣數所圍故也。蓋以風土不同。則稟受自異。故謂之氣。智愚不同。則清濁自異。故謂之數。數繫乎命。氣繫乎天。人在母腹中。不須口鼻之氣而自生。不假五穀之食而自長。至降生時。後天之氣。由口鼻而入。呼吸往來。為體之充。此時分氣之際。正當二十八宿某星某度。則斯人得某星某度之氣而生。若其星吉度正。年月日時相扶。則其人富貴壽考。終身無損。倘其星凶度偏。年月日時相傷。則其人貧賤夭亡。終身無　。然究其所以至此之故。則尤視其人前生之善惡。以為權衡焉。其人苟前生有善無惡。則受上命。其人或前生善惡相抵。則受中命。其人倘善少惡多。則受下命。天於其際。雖無為而若有為。無心而若有心。孟子所謂莫之為而為者。天也。莫之致而致者命也。此為氣數所圍也。且或亦有不係於靈魂。而係於肉身者。如祖父有餘惡。而其人善良反遭禍者。乃功過相較。尚有餘惡所致也。祖父有餘德。雖其人凶惡反得福者。乃功過相較。尚有餘慶所致也。然此亦為氣數所圍也。皆中人也。非上人也。亦非下人也。其或生命本應富貴壽考。而反貧賤夭亡者。下人大惡之報也。或生命本應貧賤夭亡。而反富貴壽考者。上人大善之報也。以故氣數僅能囿中人耳。上人下人如烏如蟻。能騰空入土。豈一定之網羅所能限耶。且古人所傳飛星過度等書。皆按人生年月日時。所值星宿吉凶旺相休囚。生尅制化度數偏正而言。苟能精研其術。無不如操左券者。誠以中人。既無大善。亦無大惡。無所謂修積。亦無所謂鑿喪。故囿於氣數一定之吉凶禍福。不少變移。而為飛星家所預定焉。豈迷信謬語哉。乃今科學家。不知氣數之說。竟與卜相堪輿等書。均指為妄誕。棄而不道。不知其實與醫家。固並傳不朽也。昔陳希夷先生。著紫微斗數一書。按人生年月日時。以十九星佈於十二宮中。則知人之富貴貧賤禍福壽夭之大略。再加數十星於其中。則知其半。備將五斗二十八宿各星。皆佈於其中。則更知其詳矣。間有不應者。皆流傳之誤。與上人下人大善大惡。氣數之轉移也。先輩留此術數。亦大有勸善懲惡之意。存乎其間。使人人知氣數。而不為氣數所囿。以共趨於上人。勿為下人焉。即嚴君平與父言慈。與子言孝。與兄弟言友恭。終日講學而無講學之名之微意也。豈令人迷信。俾人徒困於命。不思前進哉。然天所以賞善罰惡。絲毫不爽者。以天固有神功妙用。而非同於人之稱量錙銖為也。上帝以周天為秤杆。以紫微星為秤錘。以五斗為鈎斤之要星。以二十八宿為兩分之小星。以冥王及十殿冥君。與一切城隍土地門竈等神為秤鈎。以衆星系之各星球所生人物。為備稱量物品。不恃力而自舉。不待算而自明。一一無差。報應昭彰。而人之富貴貧賤禍福壽夭。莫不由此分焉。由此觀之。因果報應之說（參閱附圖九）信然矣。人如弗信。請取一二案證。以為天下萬世告焉。左傳。謂穀也豐下。必有後於魯。其後果如相者之言。鄧通縢蛇入口。雖漢武賜之銅山。而卒不免於餓死。此中人為氣數所囿之公案也。然袁了凡遇孔先生。算定無子不壽。後乃享大年。並有克家郎。祁天宗宜大富貴且壽考。後乃貧賤夭亡。此上人下人。氣數不能囿之之公案也。誠以氣數後天也。在易為洛書。轉移變遷。交易之易。變易之易。原無定盤。道德先天也。在易為河圖萬古如斯。一定不移。不易之易。原有定盤。所謂中也。上帝之於三千大千世界人物。無非以此河圖之定盤。隨時妙運洛書之不定盤。以相與周旋其間。人可不覩紫微五斗。及二十八宿各星君之圖而知所敬畏也哉。又可不覩紫微五斗及二十八宿各星君之圖。而知上帝中庸之道。察上下而不漏也哉。難之者曰。現今天演學說。久為全球所歡迎。物競天擇。優勝劣敗八字。已將各宗教家所言帝神管轄魂魄輪迴等理。業經一筆抹倒。無人再信從矣。今乃重新提起。絜桀強聒不懼人掩耳而走耶何不知恥乃爾。如其弗然。堯舜而後。均以爭誅得天下。勝者王。敗者賊。上帝執兩用中之秤。果安在耶。況人與物同一生命也。同一貪生懼死之情也。乃人則殺物以供口腹。上帝執兩用中之秤。又安在耶。且也祖若父之凶惡。何以戮及子孫。一二人之凶頑。胡為株及善良。上帝執兩用中之秤。又安在耶。不惟此也。水火刀兵瘟疫動輒殺人。無量無邊。上帝執兩用中之秤。又安在耶。孔佛由天降生。前生有何罪孽。盜跖凶惡已極。其後考終牖下。上帝執兩用中之秤。又安在耶。今且不必盡舉其責備於上帝者一一言之。即舉其所謂上帝能罰惡。試問此作惡之人。果誰實生之。將見上帝已自為戎首罪魁。方且自罰不暇。何暇罰人。要之一言蔽之。古今中外。實無帝神管轄。魂魄輪迴。不過芸芸而生。芸芸而死。強權即是公理。所謂弱肉強食也。當此時代。亦惟有發奮為雄。爭存於世。又豈可迷信帝神魂魄之說。滅己併以滅人也哉。

小子無知。甚痛此說。竊願一一解釋其謬。為此千五百兆人留一綫之命脈也。人人皆主張哲學科學家言曰。有強權無公理。小子則主張宗教家言曰。有公理無強權。何以言之。世界至今猶未昏暗者。無非此公理維持之也。上帝非他。即公理也。謬謂上帝為戎首罪魁。理應自罰。初聞之似為有理。細思之實屬不通。譬之一父生二子。父固盡願其為克家子也。乃一則克勤克儉。能世其家。乃一則放僻邪侈。招尤滋禍。若不速行除滅。即父亦將被其累。無以自存。如毒疽潰癰。雖一身之物。亦割除之不復惜。從未聞父欲致逆子於死地。而先致本身於死地也。至盜跖考終。盜跖死後入地獄。則人不見也。孔佛若極。孔佛歿後升天堂。則人不見也。且孔佛生受極苦。孔佛甘願入地獄。救此衆生苦難。非前生有罪孽。上帝故罰之也。盜跖日殺不辜。以惡人造成劫運。自招殺星降世。非人民無罪孽。上帝故縱其作惡也。其他水火瘟疫之災。皆視此矣。至祖若父之凶惡。殃及子孫。一二人之凶頑。誅及善良。此其中皆有三世之因緣在其中。固非明心見性。而後不能知其所以然也。至物之供人口腹。皆由前世殺孽所致。熟讀佛道兩家經典。自能洞其底裏。不必多贅。惟以爭誅得天下。勝王敗賊。其理不得不詳述焉。中庸曰。故大德者。必受命。即言受命為天子也。上帝不能親身治理下民。必作之君以治理之。為其代表。其勝者。必有勝之因。其敗者。亦必有敗之因。勝而王。王非偶然也。敗而賊。賊亦非偶然也。其中外國際戰爭勝敗亦視此矣。熟讀神仙綱鑑。自能知其所以然矣。而人乃曰。個人有道德。國家無道德。豈然。豈其然乎。總之有公理而後有強權。非有強權而後有公理也。嗣後吾人著書立說。評論世事。臧否人物。必已道果圓成。無極法身。能包三千大千世界。然後可以從事。蓋勿遽下判斷也。天下之理猶大海也。人生其間猶羣魚也。萬不可吸取大海一滴水。即謂大海已竭。此水外更無水也。科學哲學之一間未達者。即此謬謂無帝神管轄魂魄輪迴也。嗟乎。菩薩道已入上乘矣。尚不能知佛智。常人尚未入下乘。心光不能盈室。又安知三千大千世界之大哉。又安知能包三千大千世界之大道哉。小子今日實不能不為上帝一訟直也。即實不能不為公理一訟直也。亦即實不能不為真理一訟直也。

上帝
上帝
紫微

衆星系總論

衆星無處不有。散佈天空。大約分為三種。曰恆星。行星。流星。恆星無軌。自旋轉而不動移。自能發光而質極熱。行星被恆星之吸引。如以繩繫其上而不能離。必繞之而行也。又有無軌之流星。體極小而行甚速。誤入地球空氣之內。即不能不墜焉。據西學家言。恆星有三十五千萬。以小子視之。不下七千萬萬也。至行星則不能數計矣。小子欲列之表。則不勝其列。欲道其名。亦無名可道也。今可擇其要者而言之。

（恆星）恆星有二種。曰成系恆星。曰無系恆星。試舉其要者如左。

織錦星　較太陽大五萬五千倍有三萬行星繞之距太陽一百八十萬億兆零九百萬里

波羅星　較太陽大六萬三千倍有九千大行星繞之小行星不計其數距太陽三百七十萬億兆里

振山星　較太陽大七萬六千倍有八萬行星繞之自轉之速如飛九百日一週距太陽一百三十萬億兆英里

金鋼星 較太陽大四萬七千倍有五千行星繞之
一千五百日自轉一週距太陽二百二十萬億兆里

芳澤星 較太陽大六萬八千倍有一萬二千行星繞之
距太陽一千五百萬億兆英里

純陽星 較太陽大三萬倍有一萬三千行星繞之
距太陽星一百一十八萬億兆零八十萬

老陽星 較太陽大二萬八千倍有七千行星繞之
距太陽三百五十萬億兆零七十萬英里

（行星）行星之多。不可數計。皆繞恒星旋轉。共計一百千萬大系。有一星一軌者。有衆星魚貫而行一軌者。試略言其最要者之名焉。

織錦系 天康天紫天昌天瑤天璞天璋天闕
天庠天衙天宅天祠天局天樓天軒

波羅系 天廡天泮天廠天社天坊天淑天廊天亭
天庖天凰天闔天臺天館天塾天泉天鏡

振山系（天雪天命天雲天犬天糜天鴻天鼎天爐天輪天瓶天草天磬天箏天燕

金鋼系（天鈴天史天譜天籍天書天策天簡天碑天硯天功天濱天劍天弓天弋天燈

太陽系（因吾人生產此系中故特詳說焉

南極系
北極系（因此二系行星尚簡人物亦稀尚易着筆故亦詳說焉

（流星）流星之多。倍於行星。散佈各星球軌道之中。亦繞恒星而行。其繞日者約三十三年一週。每秒能行六十五哩。流星之質。中含金鐵。外則為極薄之氣。倘流星入地球空氣之內。外皮則溶化內容則迸裂其聲甚烈若極堅者。仍墜於地上。此流星也。

太陽星系

太陽星

太陽之始。本由紫微而生。居八大行星中央。自旋轉而不動移。乃恒星也。體極廣大。直徑長二百五十五萬七千七百五十三里。周圍八百萬里。大於地球一百四十萬倍。因人目力極小。故視日亦小耳。試以長繩直量中央。便可得而知也。近日火車可謂速矣。使之繞地球而行。三十三日即得一週。使之繞日須歷九載。可見日之大於地球多矣。西人以遠鏡測日面之光。見中央極濃。外則漸淡。蓋日面純為大火。中有光球。其光自球中而出。大焰升降。如海之波浪撇湃。其在高處之光。極為燦爛。因四圍之氣少而且薄。不能盡吸之。惟在低處之光則稍黯。因被深厚之氣所吸故也。計日光至地。須十二年有零。日全蝕時。有極長絳色火光。名曰色球。與光球相離咫尺。日面之光球約二十九日自轉一週。因其熱力極大。人不能生。故太陽星君居焉。旁有八大行星。及小行星繞之。此太陽星也。

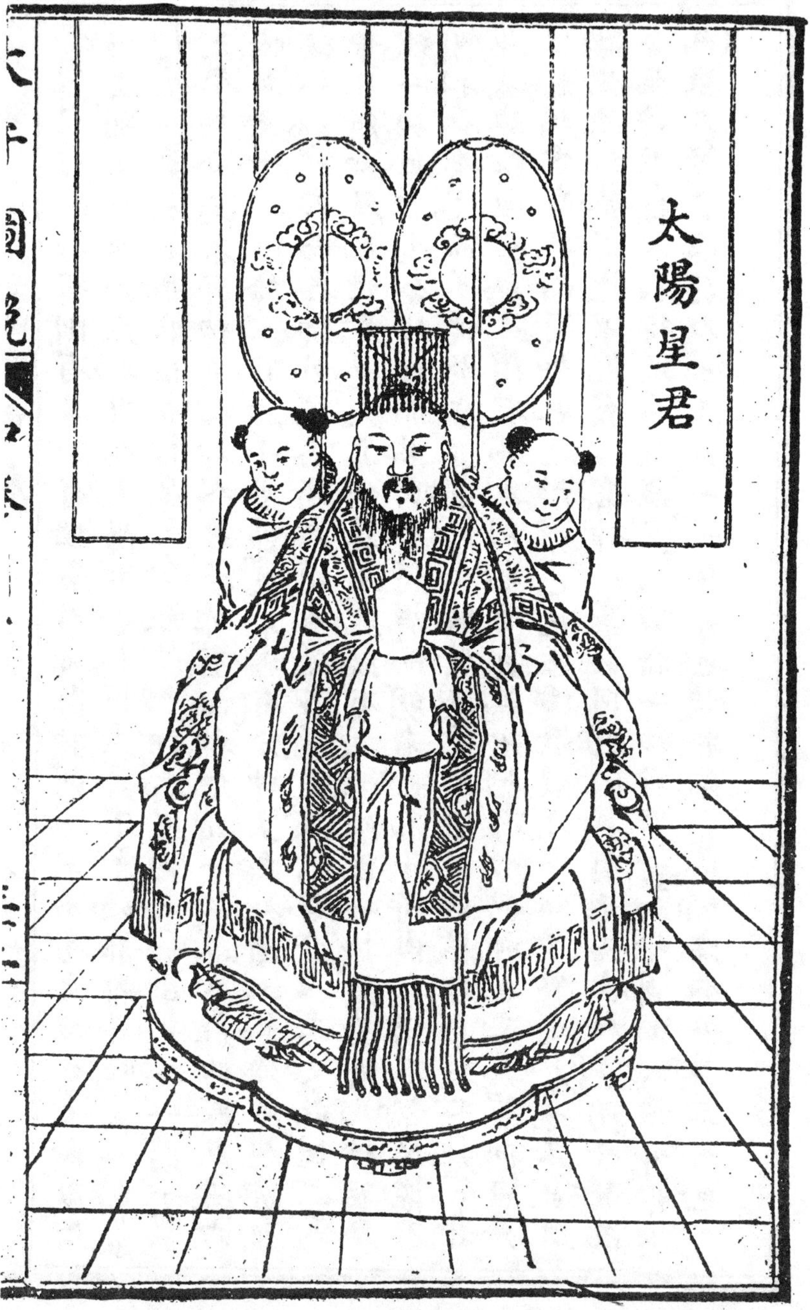
太陽星君

（說明）有物必有則。有氣必有理。有形必有神。此一定不易之理也。太陽既有形矣。則必有神以主之。非惟太陽然也。各恒星莫不如是。非惟各恒星然也。各行星亦莫不如是。非惟各行星之全體然也。即行星內之一山一水。一門一竈之微細。亦莫不有神主之。如人身然。雖有心神。總持一切。然九竅四肢。五臟六腑。與夫十二經絡。三百六十骨節。莫不各有分神主之。如國土然。雖有總統兼理一切。然內而各部。外而各省各道各縣各區。更莫不有分人主之。此固三尺童子所知者也。世界之大。亦何莫不然。既有上帝總理一切。更有億兆神明分理一切。自古迄今。此理昭然。固不待辯而明者也。孔子所由戒慎不覩。恐懼不聞。相在爾室。尚不愧於屋漏也。乃今物質派。竟力主張世界無帝神管轄。人身無魂魄輪迴學說。是謂有物無則也。有氣無理也。有形無神也。果其然也。世界早為死世界矣。尚有如此之形形色色。活活潑潑之宇宙乎。譬之尸身耳目肢體。依然如故。而已不能發一言。作一事矣。何也。以其有形而無神也。明乎此。而今無神學說。可不待攻而自滅矣。本擬將一切神宰盡行繪圖。動人景仰。惟以為數太繁。實限於力。而不能一一備舉也。故特舉一隅。閱者自反其三可也。

太陽系總論

太陽系行星有七千餘球。最大者有八。曰水星、金星、地球星、火星、木星、土星、天王星、海王星。皆有山水。皆有人物。不過天王海王二星。尚在丑會之中。故未有人物。若至寅會當皆生人物矣。中有太陽星。以統攝吸引之。各依軌道而行。又有彗星流星等。散佈八大行星軌道中。成羣繞日而行。此太陽系也。

圖說

(甲)此圖乃太陽之平面。為大火所結成。正中乃光球也。

(乙)此圖乃日光透過三稜鏡。照於壁上七色之光。

(丙)此圖乃日之色球。所發絳色光。即霞也。

(丁)此圖乃在八大行星中。視日之大小也。

(戊)此圖乃八大行星之形及其月也。

(己)此圖乃日蝕之形也。

(庚)此圖乃八大行星之本軸斜直也。

(辛)此圖乃八大行星與彗星之軌道也。

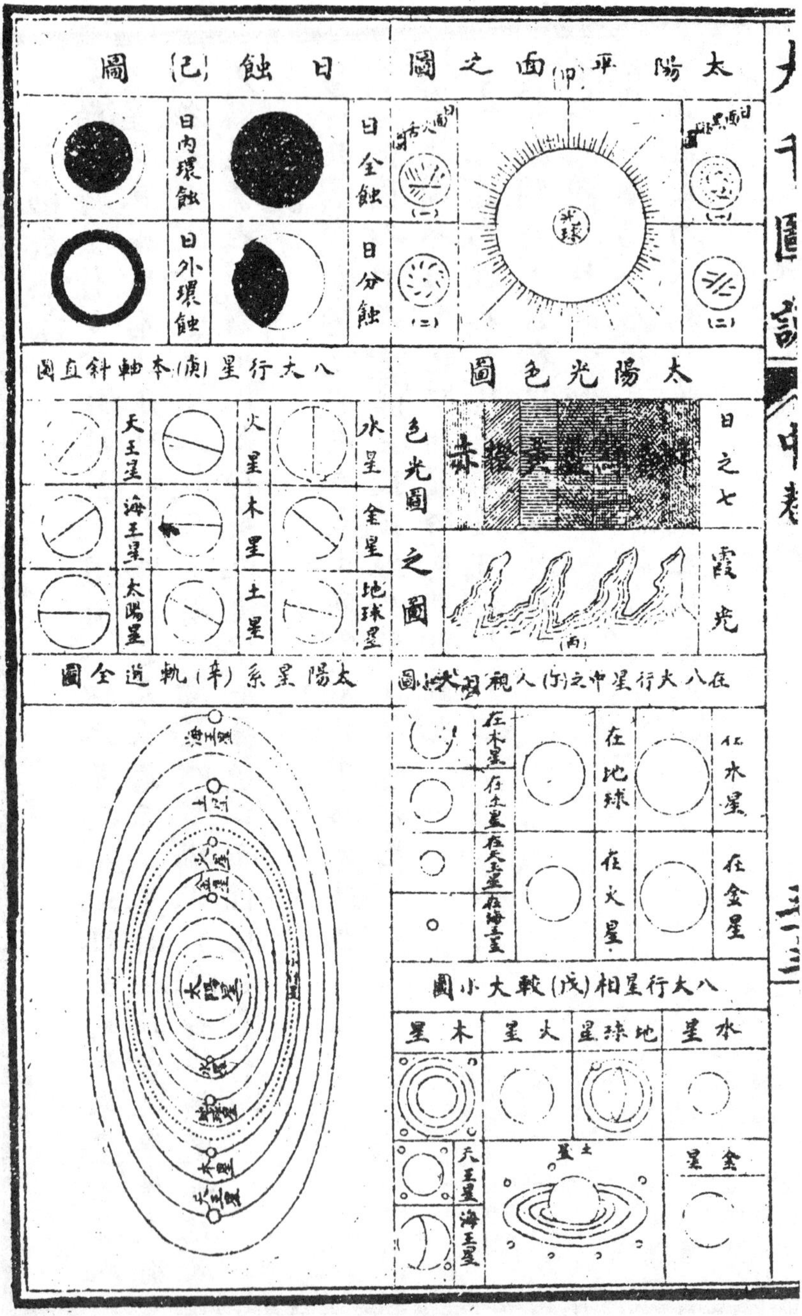

(甲)太陽平面之圖
日蝕(己)圖
日內環蝕
日外環蝕
日全蝕
日分蝕
太陽光色圖
日之七色光圖
赤橙黃
霞光之圖
(丙)
八大行星(庚)本軸斜直圖
天王星
海王星
太陽星
火星
木星
土星
水星
金星
地球星
太陽星系(辛)軌道全圖
太陽
在八大行星中之(丁)人視日大
在木星
在土星
在天王星
在海王星
在地球
在火星
在水星
在金星
八大行星相(戊)較大小圖
水星
地球星
火星
木星
金星
土星
天王星
海王星

（說明）孟子曰。盡其心者。知其性也。知其性則知天矣。存其心。養其性。所以事天也。其逆知今日物質派之力闢帝神魂魄為無有。而預為之防矣。何者。古今中外凡言大者。莫不首推夫天。誠以天固無不包也。他無論矣。即如日體直徑若干。周圍若干。以人視之。可謂大之至矣。而自天視之。則固不過一微塵耳。天空之內。其他恒星如日者。或大於日者。尚不知有若干數也。而一切行星不待言矣。佛氏曰。世界無邊。衆生無量。詎不然歟。世界衆生既無邊無量。若必欲一一定其名稱。筆之於書。縱一日能書十萬字。加積百年之久。亦不能書畢也。誠以世界衆生既無邊無量。則亦非無邊無量言語。不能道破也。天量如是之大。則世間一切之物。更誰有能與同其大者。曰惟心。觀之讀書可知矣。讀一書則心容之。不覺其溢。再讀一書則心容之。仍不覺其溢。縱讀盡古往今來之書。心亦能容之。終不覺其溢。足徵心量之大。與天同其大也。天亦無非能容物。物不覺其溢而已矣。如是則心之量。誰有能盡之者。然而孟子能盡之。何由知孟子之能盡也。曰天下之理。從古未經道破。而自其人始道破者。則必先能之而後言之也。何也。以其無依也。觀之孟子所言。可欲之謂善。有諸己之謂信。充實之謂美。充實而有光輝之謂大。大而化之之謂聖。聖而不可知之謂神之說。益信孟子既造聖神之境。則自能贊天地之化育矣。故曰盡心則知性。知性則知天。存其心養其性。所以事天也。佛氏六祖曰。心是地。性是王。王在身心存。王去身心壞。可知心為性之形。性乃心之神。今物質派乃謂無帝神魂魄。是謂有形無神也。既無神。則不事之矣。又何怪今日萬國互相戰殺。將同歸於盡哉。小子實迫於不得已。因於無量數中。舉其一數以為例。亦猶日體在天空中之為一微塵也。閱者其各存心養性以事天。則知小子今日不為多事矣。

水星

水星距日一萬六百萬里。近日之第一星也。繞日一週約八十八日為一年。自轉一週約二十四時為一日。每秒鐘約行九十里。其星直徑八千八百八十六里。内尚有人物。已到申會之初。其中水居二分之一。四外有高山環繞三萬五千餘尺。外之空氣二百一十里為最厚。一百六十里為最薄。其中人高五尺。言語如鳥。居山洞中。取草芽小獸而食。或晒乾或燒食。以鳥足書字。以木版為紙。其言語文字。極簡如下。

天地日星草木鳥羽東西左右上下禽獸人物山水形象如此

○口⊙⁘///三〃羽ㄒ⇜-oo-♀♁+米个ꝏᗰ兆

音義如此

第一大山曰㐅又㐅山。次曰∵山。第一大水曰く水。次曰♀水。其人種面純黑。身深紅。地分八界。曰→界く界个界↓界♀界♂界ㄑ界♁界。有四大水。曰个水く水ㄨ水ㄑ水。有死火山六百八十餘座。新火山五座。水星有一特奇。體雖極小。而質極重。人雖甚微。而力甚大。無交易之說。無農工之人。無文章之詞。以草木為衣。以木為鞋。以竹為冠。以石為室。共有人二十兆。壽以七十歲為最高。

間有三十歲而髮皆白者。當其午會之間。亦如我世界之美麗。近其氣衰。故致斯景。四萬年後必無人物矣。此水星也。

水星直剖

水星平面

水星繞日

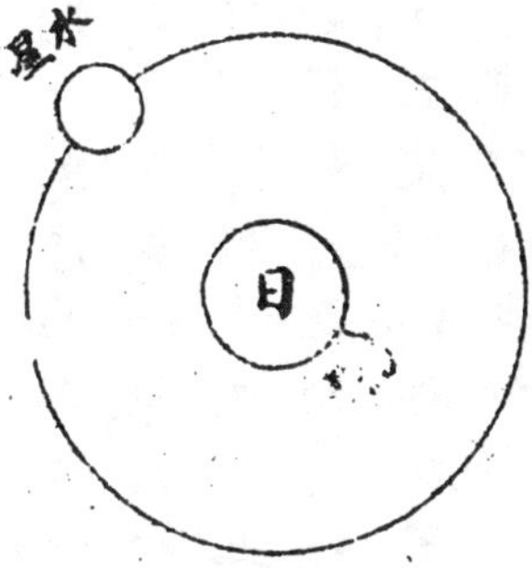

水星之人

金星

金星距地甚近。亦近日之第二星也。古稱太白。朝在東方而為啓明。暮在西方而為長庚。體小於地而質極輕。繞日一週約七月半而為一年。自轉一週約二十三小時。一刻為一日。直徑二萬五千五百三十里。距日十九千三十九萬三千里其中水居五分之二。陸居五分之三。無衛星。有大河長六萬餘里。繞其星球。亦有人物。已到午會之中。人有翅能飛行空中。五里以內。入水不死。入大不焚。身輕如紙。言語如蜂。身高五尺。壽以五十歲為度。其文字如下。

天地日星水山北南東西上下人物禽獸

皆用刀刻於金剛石版。永不毀壞。人即如仙。且其內草木甚微。樹不過七尺。草僅三寸而已。然法術極精。能換魂移魄。人倫整齊。父子夫婦有別。此金星也。

金星直剖

金星平面

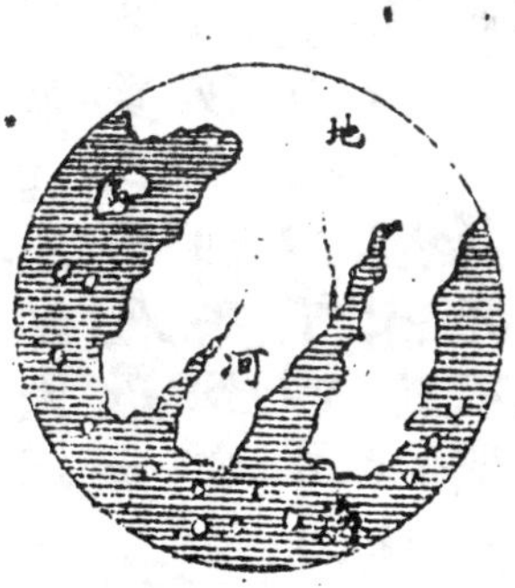

金星繞日

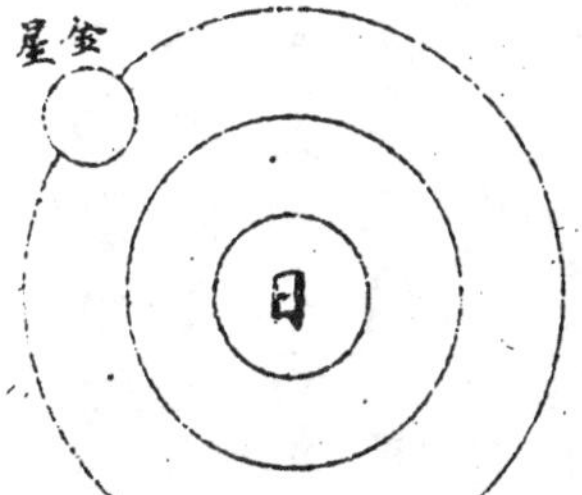

金星之人

地球星

地球周圍七萬五千里。直徑二萬四千里。每日自西向東自轉一周。每年繞日一周。共行三百六十五日零六小時。地球之上。大約四分之三為水。四分之一為土。水約十三萬萬零五千萬方里。土約四萬萬零七千一百萬方里。東半球比西半球之陸地多二倍。北半球比南半球之陸地多三倍。地有兩極。曰南極。北極。又有五帶。曰南寒帶。北寒帶。南溫帶。北溫帶。赤道。水分為五洋。曰南冰洋。北冰洋。大西洋。太平洋。印度洋。陸分為五洲。曰亞洲。歐洲。美洲。非洲。澳洲。地球最高山曰墨爾古斯山。高三萬一千尺。次曰喜馬拉雅山。高兩萬九千尺。又有火山四百餘座。地球大河。一曰米須河。長一萬三千里。二曰阿馬森河。長一萬二千五百里。三曰尼羅河。長一萬二千里。地球高原。第一曰怕米爾。第一大沙漠。曰非洲沙漠。國共五十餘。人約千五百餘兆。地球有衛星曰月。距地七十一萬四千里。直徑六千四百五十九里。現中火山已死。人物已絕。藉日光為光。地球之上。氣候不齊。赤道以日所直射。故甚熱。草木四時長青。溫帶以日偏射。故氣候平和。不酷寒。亦不酷熱。寒帶日光微射。故極寒。赤道之下。草木繁盛。動物凶悍。溫帶次之。寒帶又次之。既有五帶。復有五種。赤道之上。人受日照。火熾之故。面黑。次者紅色。再次者棟色。溫帶之人。氣候平和。其面黃色。寒帶之上。氣寒天冷。人必白色。以氣候之不同。故顏色之相異。不知地者。謂日動而地靜。吾大以為不然也。試觀人行路。人行日亦行。人住日亦住。可見是地行。非日行也。乃人在地上而不覺地行也。吾等在此自稱地球。設他星球上人視之。亦不過一小星耳。地球之初。陰陽一合而生月。猶人之父母一合而生子也。故有輕氣養氣淡氣育氣綠氣炭強氣阿馬尼亞氣種種不同。總名之曰空氣。地之所有。而又似為理之所無。事偶遇之。人人多以為奇。如火山地震沸泉溫泉等。能使人起疑。不知地乃太陽所生之子。太陽熱力極大。忽出一大星。轉而不已。如團泥之出一小點。即為一地。以故輕養二氣結而為水。硫磷養等氣結而成火。氣搖而成風。氣合而為雨。火在地殼內之第一層。下即火。火燒水為氣。氣沉於大下。而為第二層水。此水極淨。甚於衛生有益。再下為石汁。乃地心極熱。巖石溶化之石汁也。石汁熱極而沸。距地近者。出土而為山。凝定即成大石。以石汁多少之故。有高低大小之分。火力之大者為火山。常噴石汁。埋沒人畜而各種礦質。莫不具焉。此可見地心之熱大矣。地中之水亦然。距地近者。突出而為泉。流成江河。復入海中。下沉地內。如此循環不已。淤成眾島。受壓成石。而金銀珠寶藏焉。蓋水者地之精也。水受日照。升空而為雲。遇冷成雨。足以養育萬物。至冬季甚寒。結為小冰而成雪。乃其實也。受地大而化成氣。此氣甚重。不能上升而為露霜。此水之變化也。總之地之構造。實為無數原質所成。山之大石。陷入水中。復成細土。細土受壓。復成岩石。漸淤漸積。又成陸地。陸地有水。漸衝漸蕩。又成大海。此地之變化也。地之初成。為極熱之質。而後漸冷。如木然。先全為火。後漸成灰。如地之土也。土含養料。而生植物動物。人得之厚。故為萬物之靈。而人皆不知人身其始由何而生。實乃水土者地之精血也。人受父母之精血而能生。豈受天地之精血。獨不能生耶。地之妙理。無窮無極。不可盡言。若論其時。方届午會之十二運。須再歷九百餘年。始至午中。其時乃佛之極樂。道之三清。耶之天國。回之天堂。即孔子大學之道。中庸之教。徧明徧行於地球之期也。

地球平面

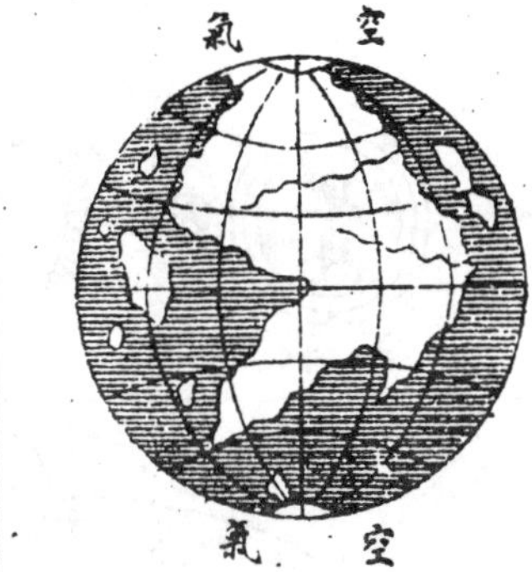

地球直剖

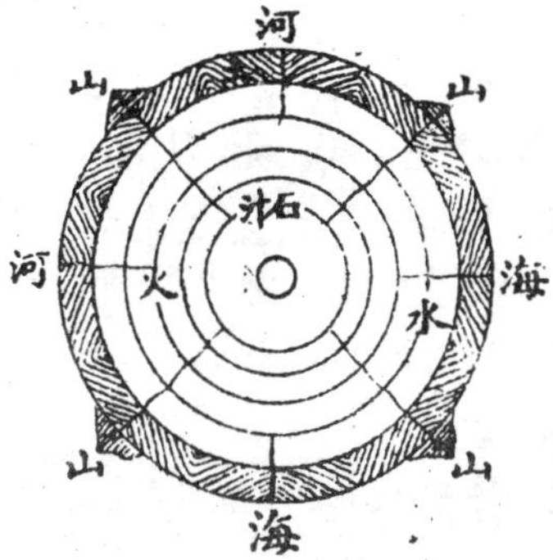

月繞地球

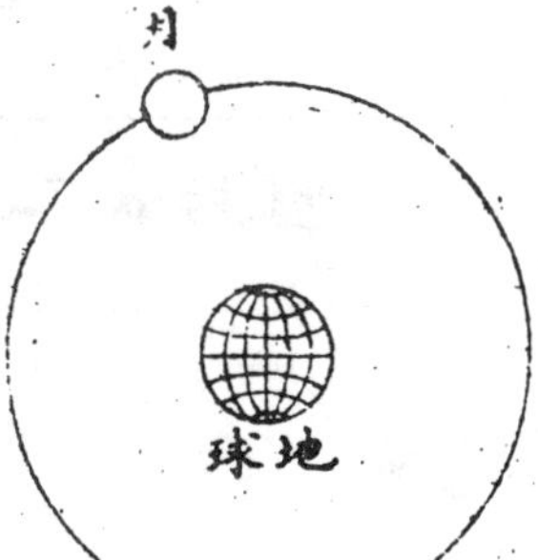

地球繞日

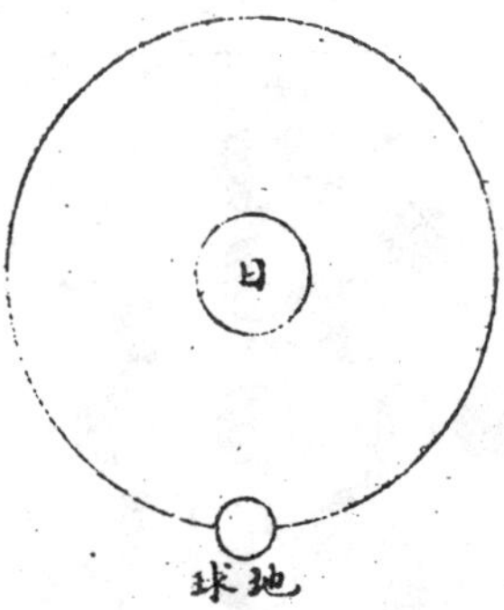

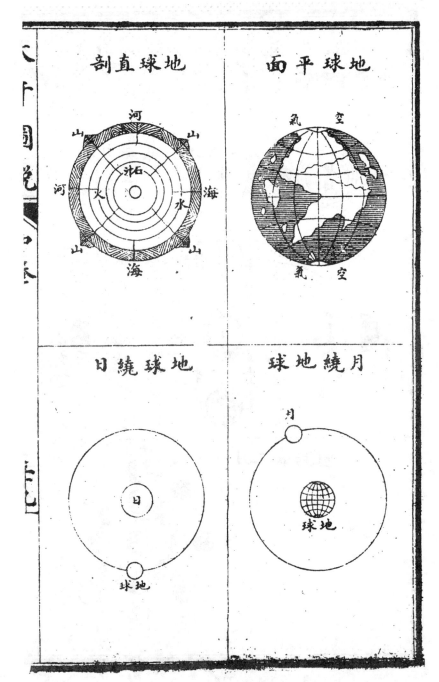

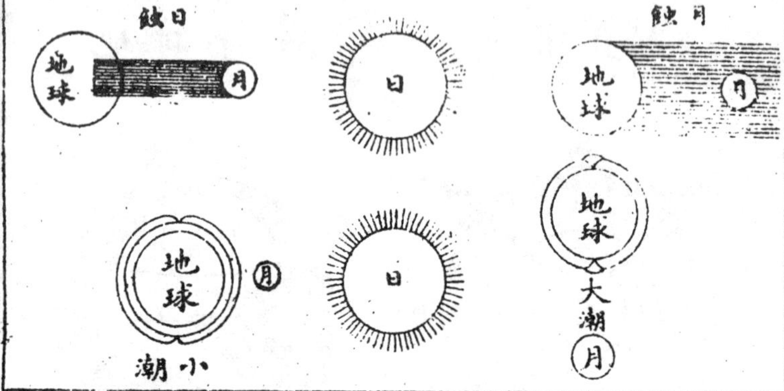
日蝕
地球
月
日
月蝕
地球
月
地球
月
日
小潮
地球
大潮
月

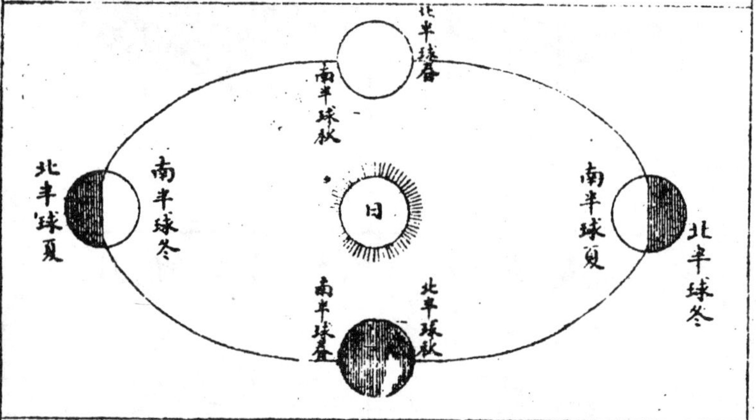
北半球春
南半球秋
北半球夏
南半球冬
日
南半球夏
北半球冬
南半球春
北半球秋

月之盈虧圖

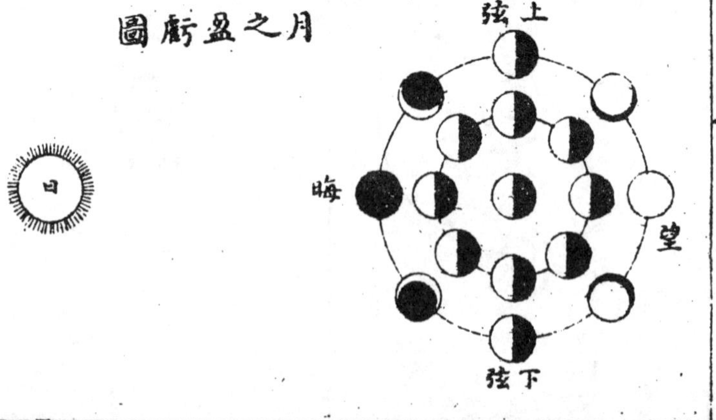
日
上弦
晦
望
下弦

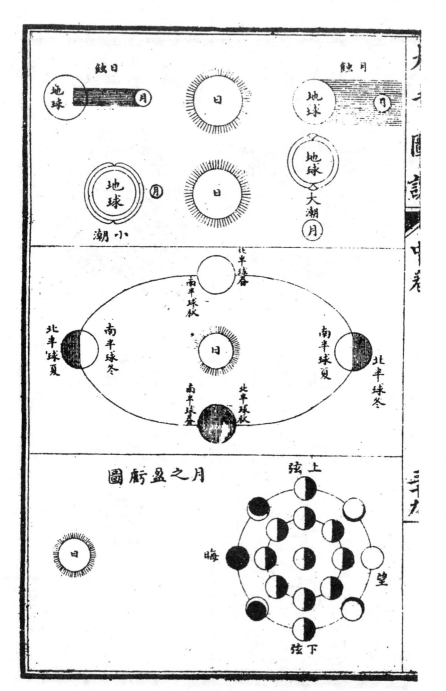

大學之道在明明德在親民在止於至善知止而后有定定而后能靜靜而后能安安而后能慮慮而后能得物有本末事有終始知所先後則近道矣古之欲明明德於天下者先治其國欲治其國者先齊其家欲齊其家者先修其身欲修其身者先正其心欲正其心者先誠其意欲誠其意者先致其知致知在格物物格而后知至知至而后意誠意誠而后心正心正而后身修身修而后家齊家齊而后國治國治而后天下平自天子以至於庶人壹是皆以修身為本其本亂而末治者否矣其所厚者薄而其所薄者厚未之有也

(大學之道在明明德在親民在止於至善)明德人人所共有固有。原如紫微星居中天。光射三千大千世界。又如大圓明鏡。懸之空中。普照萬物。故謂之明德。然一落人胎。地水火風四大假合之中。已被後天氣質所錮蔽。加以出胎後。物慾牽誘。社會傳染。家庭灌輸等等習氣。早已印於腦筋。塞於胸懷。由是明鏡埋土。明星隱霧矣。必也克己復禮。明心見性。補其缺壞。去其障礙。撥雲霧而見紫微。刷塵垢以現明鏡。則己之道果固已圓成。功德固已滿足。而猶未能與三千大千世界一切人民。共明其善。共復其初。我善而不人善。一善而不至善。豈可止乎。故又在親愛世人。廣傳道法。俾人人明其明德。苦海化為樂國。紅塵化作青城。渡盡三千大千世界。然後上昇。是為止於至善也。

（知止而后有定定而后能靜靜而后能安安而后能慮慮而后能得）人之心中。諸念並作。口鼻有後天呼吸。心即有後天思念。喜怒哀樂。皆由於心。而後見諸形色。憧憧往來。朋從爾思。一時不能止也。故須知止後天思念之法。凝神入於氣穴。氣穴即人身太極之中。又所謂身中之中。神即人身無極之中。又所謂心中之中。凝入即移無極之中。居於太極之中。易所謂艮其背。艮止也。止其所也。君子以思不出其位。心方能定。如水不生波。方能鑑物。鏡不留塵。方能照物。由定入靜。則心平氣和。息住念住脈住。由靜入安。則心空氣凝。忘形忘我忘忘由是元神下降。元氣上升。凝為中宮元精。精足神靈。聖智以全。慧光以生。智慧大開。普照三千大千世界。無遮無礙。天下歸仁。物來順應。各得其當。各中其節。居安資深。左右逢源。而大學之道得矣。

（物有本末事有終始知所先後則近道矣）無根本而有枝葉。無泉源而有江河。必枯必竭也。今之人民。不務道德而講教育。不務勤勞而求富強。是欲先生枝葉。後生根本。天下寧有是理哉。不知先後。迷失前途。乃距道萬里。莫知所從也。(古之欲明明德於天下者先治其國欲治其國者先齊其家欲齊其家者先修其身欲修其身者先正其心欲正其心者先誠其意欲誠其意者先致其知致知在格物物格而后知止知止而后意誠意誠而后心正心正而后身修身修而后家齊家齊而后國治國治而后天下平)人集而成家。家集而成國。國集而成天下。一人善感化一家盡善。一家善感化一國盡善一國善感化天下盡善。蓋天下之本在國。一國之本在家。一家之本在身。一身之本在心。心之運用在意。意之發起在知。知即先天良知也。即明德也。即紫微星也。即大圓鏡也。知之所遮蔽在物。物即後天物慾也。聲色貨利是也。大約良知之不能致皆由物慾之不能格。物慾不格。明德不明。明德不明則意多妄發。自欺幽獨。意不能誠。意不誠則心有所忿懥不得其正。有所恐懼不得其正。有所好樂不得其正。有所憂患不得其正。心不正則主人翁不操大權。奴僕羣起而欺之矣。大阿倒置矣。主為奴役矣。身不修矣。何以為齊治平之根本乎。是以大學之道。全在致知也。致良知即明明德也。明明德其工全在格去物慾也。即撥雲霧而見紫微剮塵垢以顯圓鏡也。物慾去則良知現。良知現則意誠心正身修家齊國治天下平矣。即所謂明明德於天下。一善而無不善也。可以止矣。所謂渡盡三千大千世界。然後上昇也。
（自天子以至於庶人壹是皆以修身為本其本亂而末治者否矣其所厚者薄而其所薄者厚未之有也）天子天下之主。修其身以齊家治國平天下。庶人修其身以教化天下國家。故皆以修身為本。蓋人之所最重者身也。有身不修。是自損其身也。根本不固。而枝葉茂盛。泉源已塞。而水緜緜長流者。天下豈有此理哉。
（括言）大學一章。塵封久矣。迄今小子始得抱元始泰未寶珠。以出九淵。高懸太空。以照徧三千大千世界者。誠以大學之道。固非其時不行也。茲其時矣。竊願地球以上。人人人之各明其明德也。

天命之謂性率性之謂道修道之謂教道也者不可須臾離也可離非道也是故君子戒慎乎其所不睹恐懼乎其所不聞莫見乎隱莫顯乎微故君子慎其獨也喜怒哀樂之未發謂之中發而皆中節謂之和中也者天下之大本也和也者天下之達道也致中和天地位焉萬物育焉

（天命之謂性率性之謂道修道之謂教）在天為命。在人為性。性海清靜。無七情。無六慾。無四相。無三心。如月印寒潭然。一塵不染。一波不興。徹上徹下。浩浩落落光光明明。無少垢污。無少動搖。大定常定。周天界。入微塵。大莫載。小莫破。三千大千世界一也。古人所謂萬教歸一。萬法歸一者此也。蓋謂至靜不動之性。包羅三千大千世界。養育人物。雖無聲而無臭。實無在而無不在。此性無所不性。萬物統體一性。物物各具一性。此至靜不動。萬物統體之性。猶大海之水也。物物各具之性。猶羣魚腹中之水。息息與大海相通。仍一水也。然人人不能保守其本來面目。心起惡念。貪嗔痴。身行惡事。淫殺盜。口出惡言。綺語妄言。兩口惡罵。有一分惡。則如魚腹所吸之水。一點變為污濁相。漸增漸積。惡貫滿盈。猶魚腹所吸之水。點點變為污濁相。傳染不已。濁濁相接。不久即大海亦將盡變為污濁相。永無澄清之日矣。故人必率其本性。保守原初。不使失道之本來面目。然此惟生知安行者能也。下此則性流為情。情流為慾。性海揚波鼓塵。本來面目失矣。故聖人又修道以教化之。俾三千大千世界。人人洗其污穢。平其波浪。而性海復得清靜也。

(道也者不可須臾離也可離非道也是故君子戒慎乎其所不覩恐懼乎其所不聞)道無不在。道無不包。不可言。言不可名。名。強名曰道。亦借用吾人所行地上有迹之道之字義而已。有迹之道。人尚不可須臾離。況無迹之道。人可須臾離乎。人之於布帛菽粟。須臾離之。尚不致死。人之於道。須臾離之則死矣。道無色無聲。覩弗見。聽弗聞。然大周天界。細入微塵。體物而不可遺。故君子日日戰戰兢兢。如臨深淵。如履薄冰。時形戒慎恐懼也。

(莫見乎隱莫顯乎微故君子慎其獨也)隱為人所不能覩聞。神則能睹聞之矣。微為人所不能睹聞。神則能睹聞之矣。萬目萬耳。覩聞森嚴周密。以故隱微之惡。人雖自覺為毫末。神已覩之如泰山矣。人雖自覺為淵默。神已聞之如雷聲矣。故謂莫見乎隱。莫顯乎微也。人如弗信。請案證之。昔宋程子時。有董五經其人者。隱士也。習靜山中。不與塵俗接。一日程子偶思往謁之。不果。迨後數年。始踵其門焉。至則董入城矣。程子遂歸。遇諸途。董曰。君非程先生乎。程子訝其何以知之。曰君昔某年月日時。即思來顧予。後不果。今次來信息甚大。吾不至城數年矣。今時入城辦茶葉以款君。程子不覺汗流浹背。以為董不過人耳。隱士耳吾此一念慮。並未向人言及。彼已能知人隱微若此。至孔孟大聖。天帝神明。知人隱微。洞若觀火。更不待言矣。邵子所謂發乎念動乎慮。鬼神已得而知之。固不待形於言語。見諸行事也。所以然者。人能得道則具六通。孔子之聰明睿知。即老子釋迦之六通也。聰即天耳通也。自于三千大千世界之低細聲音。無不聞也。明即天眼通也。自于三千大千世界之毫末光影。無不見也。睿即漏盡通也。自于三千大千世界之偉大功業。無不能也。智即神境通也。自于三千大千世界一切書集事物。不見而知。智又宿命通也。自于三千大千世界。歷劫人物前因後果。莫不知曉。智又他心通也。自于三千大千世界。眾生念慮已起未起。若何若何。皆能知之也。況於區區一人之隱微乎。人如河漢斯言。終信弗及。請再案證之。請專就不務神奇。第講平常之孔子案證之論語。孔子何以謂六十而耳順乎。其刪詩又胡為猶留帝謂文王一章乎。此即有天耳通之鐵證也。堯舜文皆去孔子將二千年。及數百年不等矣。又何以見堯於牆。見舜於羹。見文於琴乎。且何以又有登太山望吳門馬之事乎。此有天眼通之鐵證也。在陳絕糧。從者病。莫能興。孔子何以彈琴弗輟。猶行所無事乎。且何為微服過宋。即不危乎。此有漏盡通之鐵證也。至預知仲由之不得其死。即有宿命通之鐵證也。在陳聞火。便知為桓僖之廟。他如知肅慎矢。知防風骨。知商羊。知萍實。即有神境通之鐵證也。又如會於夾谷。預備甲士。防患慮危。即有他心通之鐵證也。難之者曰。孔子既有六通矣。何以又有在陳絕糧。微服過宋。及使子路問津。入太廟每事問等事乎。且何以不能挽春秋為唐虞。併周遊列國。徒資一車兩馬。勞已甚矣。不能如列子之御風而行。泠然善乎。曰天命所在。雖聖神亦不敢違也。孔子明知本身有絕糧之厄。且知從者亦皆有此厄。特甘心忍受。而不敢妄思設法逃脫耳。明太祖微時。有胡日星其人者。即許太祖異日當為天子。後登極。首召之。胡至。予官及金。皆不受。但求書旨於扇。持以徧遊天下。越數年忽歸。語其妻曰。吾命某日時當刑。今且赴京應數。至則果以藍玉一案。于某日時與同受刑焉。由此觀之。區區術士。尚知聽天安命。況孔子乎。且非此又何以成孔子至苦行為。而令天下後世。永永感戴弗忘乎。更何以顯孔子之有漏盡通乎。其使子路問津也。亦非其眼光不能見也。不過以長沮桀溺。與孔子師弟。尚有一段言語因緣。不得不就此了之耳。且非此天下後世又何以知孔子知其不可為而為之苦心乎。至入太廟每事問。乃孔子對於祭祀慎而又慎之至意也。示後人知祭祀乃天人相交之際。最關重要。萬勿視為虛渺。而草率從事也。固非真不知也。至不能挽春秋為唐虞。其中自有天運關焉。孔子更不敢違天以逞己力也。故為魯司寇。三月而魯大治。及齊人歸女樂。三日不朝。而孔子行也。至甘受勞苦。不效列子之行。孔子以中庸教人。不欲以奇異炫世也。故曰素隱行怪。後世有述焉。吾弗為之矣。孔子能之而不為。非賜也欲之而不能也。明乎此則孔子他事。皆可以此類推矣。其他聖神仙佛各事。亦皆可以此類推而不必問難矣。吾人讀書專為弋取富貴利達。不知深入。乃謂孔子為一迂腐老生。其所言為老生常談。非惟不足以治今日之天下。而似反足以害今日之天下者。遂相率而提倡師範中小學校。停止讀經講經。其表面則託於經書深奧難解。恐傷人腦筋。其裏面實為經書多言尊君道理。恐再返於專制也。不知基督教新舊約書。亦多言尊君。何以法美等國。未返于專制乎。且何以亦未聞法美等國。禁止學校講讀基督經書乎。更並未聞禁止學校講讀孔子經書乎。今不惟不禁止之。且廣講讀之。重講讀之矣。人方廣講讀孔子之經書。重講讀孔子之經書。我乃反禁止講讀孔子之經書。小子竊百思而不得其故矣。今敢垂涕泣。為吾國講教育者正告之曰。國體政體之為君主專制。民主共和。其中自有天運。固非禁止講讀孔子經書。即能長此民主共和。亦非使其講讀孔子經書。即能仍復君主專制也。講讀孔子經書。既無與於國體政體之變更。又何苦徒以禁止講讀孔子經書之故。竟使學校德育一途。失其根源。幾令天下成為無天無地無法無紀。虎狼盜匪之天下乎。孟子曰。由今之道。無變今之俗。雖與之天下。不能一朝居也。竊願執政者之幡然改也。其仍從事於講經讀經也。孔子經書。無所不該。能深入之。淺出之。治天下猶運諸掌也。然其執簡馭繁。握要治劇之處。則專在於講明天人性命之微。鬼神魂魄之精。使人人一時一刻。不敢肆無忌憚也。故相在爾室。尚不愧於屋漏。朝乾夕惕。雖火滅猶事修容。不顯亦臨。無射亦保。上帝臨汝。無貳爾心。必慎其獨也。是以中庸一書。以慎獨二字為骨髓。獨即真主也。慎即敬畏也。慎獨即敬畏一身之上帝也。亦即敬畏三千大千世界之上帝也。

(喜怒哀樂之未發謂之中發而皆中節謂之和中也者天下之大本也和也者天下之達道也)喜怒哀樂。情也。已動也。未發。則性也。不動也。發皆中節。各當其可。和也。則情也。而仍性也。則已動也。而仍不動也。三千大千世界。皆由性發生即皆由中發生。中也者。天下之大本也。三千大千世界。皆以和為法則。皆當由之而行。和也者。天下之達道也。

（致中和天地位焉萬物育焉）堯傳舜曰。允執厥中。舜傳禹曰。人心惟危。道心惟微。惟精惟一。允執厥中。中有其位。執必其所。中之位不僅在人性中。一切天道之日星山河。莫非此中。若專向人性中執之。則不得所矣。中之位不僅在天道中。一切人性之臟腑官骸。莫非此中。若專向天道中執之。則不得其所矣。邵子曰。坤之後。震之先。一動一靜之間。其天與人之至妙者歟。易謂復見天地之心。以此也。天地之心。即天地之中也。人如彿信。請外黜聰明。內捐智慮。虛極靜篤。則覺天上人間地下。渾成一片。有如長空。雲氣流行。無有止極。有如大海魚龍變化。無有間隔。無上下可分。無內外可指。瞬息間性道會合。在天與人交關處。結成虛無竅子。光明頓開。上見有頂天。中見太空一切星球。下見阿鼻獄。三千大千世界盡現裏許。此性光也。此性光發現也。即中之形狀也。即致中之興趣也。於此可見至靜不動。天命之性之本來面目矣。子貢曰。夫子之言性與天道。不可得而聞也。非謂人性不可得而聞。天道不可得而聞。乃謂性與天道。人與天交關之處。不可得而聞也。與即孔子一貫心法也。即凝神氣穴也。人必得一貫之傳。始能執得中之所矣。致中仍堯舜之所謂執中也。誠於內謂之中。形於外謂之和。和仍中也。天子致力於中和。事事以中和為主。則天下之天地奠定。萬物發育。庶人致力於中和。事事以中和為主。則一身之天地奠定。萬物發育。中者上帝之體。和者上帝之用。中和者上帝之全體大用也。人能中和則既可與上帝同其全知全能。亦自可與上帝同其全福全榮矣。是以中庸以唯天下至聖。為能聰明睿知。足以有臨章為結尾。子思已預知今日。為孔子凡有血氣。莫不尊親之時矣。配天之福。配天之榮。孔子非皆由致中和來哉

（括言）中庸一章。亦塵封久矣。迄今小子始得抱元始泰來寶珠。以出九淵。高懸太空。以照徧三千大千世界者。誠以中庸之教。亦非其時不行也。茲其時矣。竊願地球以上。人人各慎其獨。皆行中庸之道也。

唯天下至聖為能聰明睿知足以有臨也

(聽)聽者無所不聞也。聖人本領之一也。常人之耳。僅能聽近而不能聽遠。僅能聽明而不能聽幽。聖人之耳。不但能聽近並能聽遠。不但能聽明並能聽幽。論語六十而耳順。其鐵證也。蓋聖人之心。空空洞洞。無意無必無固無我。虛極靜篤。如半夜時然。耳力自什倍於恒人。況復得浩然之氣以與之配。為其作用。至大至剛。充塞天地。無遠弗屆。無微不入。心之所至。氣即至焉。氣之所至。耳即至焉。以故遠近幽明無所不聞。所以然者。道路有遠近。而氣則無遠近也。界限有幽明。而氣則無幽明也。聖人之耳。雖與常人之耳無異。聖人之氣。則與常人之氣迥殊。聖人之氣。能包六合而無一阻遏。常人之氣。則僅包一身。而多所窒塞。聖人持其志勿暴其氣。故聰。常人喪其志而害其氣。遠與幽不能聞。故不聰。不然。人非病聾。皆能聲入心通。人盡聰矣。聖人何得獨為聰乎。昔武王聞上帝言與以九齡。大禹聞蒼帝言與以玄圭。或以為夢。夢不足為憑。不知至人無夢。其夢也。其實也。如真夢視之。則不知聰字為何解矣。

(明)明者無所不見也。不然。不得獨稱為明也。聖人明月其心。秋水其神。清察幽明。洞徹遐邇。六合指顧。八極掌中。離婁之明。曾未足比。天上地下。無物能阻無暗不燭。肺腑可察。脈絡可數。神光徧於八方。浩氣充於十極。天地即其心。其心即天地。心內所有者。與天地同。天地所有者。與其心同。且也內觀其心。心無其心。惟有一點空靈之氣而已。氣包萬象。塞兩間所有一切事事物物。自可明察無一或遺矣。須知天地之體。由吾心生。天地之用。由吾氣出。吾生天地。天地不能生吾。天地所生者。乃吾之肉身與肉眼。為吾之舍。非吾之真性也。肉眼有質。有所不見。真性無所不見。常人不信。請問孔子見堯於牆。見舜於羹。見文於琴。見周於夢。及登太山望吳門馬。果何事乎。此明之鐵證也。

（睿）睿者通也。能也。無所不能也。聖人持志養氣。修成乾元。剛健中正。純粹而至於精。天地合德。日月並明。四時合序。鬼神同靈。無形而有形。無質而有質。不行而至。不疾而速。斡旋乾坤。操運陰陽。掌握雷霆。呼吸風雲。從心所欲不踰矩。無有一點缺欠。何也。心者人之神明。本無不能。特常人不能盡其心。斯有能有不能耳。聖人能盡其心。故無不能。中庸前章曰。唯天下至誠為能盡其性。能盡其性。則能盡人之性。能盡人之性。則能盡物之性。能盡物之性。則可以贊天地之化育。可以贊天地之化育。則可以與天地參矣。不然。孔子絕糧七日而不死。微服過宋而不厄。恃何道也。此睿之鐵證也。

（知）知者無所不知也。不然。人非痴愚。誰能無知。聖人何得獨為知乎。夫本性既為乾元。而天地萬物。皆為乾元所造化。既皆為一己所造化。又何有不知之處哉。以故上知天文。下知地理。中知人事。前知萬古。後知萬古。凡人動乎念。發乎慮。聖人已得而知之。固不待形於言語。見諸行事也。子張問十世可知也。子曰。雖百世可知也。中庸曰。至誠之道。可以前知。且一切事事物物形形色色皆可不見而知。論語云。由也不得其死。又左傳孔子在陳聞火。曰。其桓僖乎。是一則前知一則不見而知。餘如知商羊。知萍實。知釐廟災。知肅慎矢。知防風骨。又皆知之鐵證。不待言矣。

（括言）聰明睿知四德。乃天帝之大權。至聖之本領。若非至聖。他人莫能全有也。至聖全有。欲持之以救生民。故先天下之憂而憂。後天下之樂而樂也。奈當時君侯。不識孔子為至聖。俾一生周流列國。而卒不見用。致不能使春秋為唐虞也。惜哉。不知臨魯三月。而已路不拾遺。夜不閉戶矣。況復加之以年乎。論語云。夫子之得邦家者。立之斯立。道之斯行。綏之斯來。動之斯和。其生也榮。其死也哀。又曰。苟有用我者。期月而已可也。三年有成。由此觀之。惟至聖為能足以有臨也。至於仁則寬裕溫柔足以有容。義則發强剛毅足以有執。禮則齊莊中正足以有敬。智則文理密察足以有別。溥博淵泉而時出之。見而民莫不敬。言而民莫不信。行而民莫不悅。是以聲名洋溢乎中國。施及蠻貊。舟車所至。人力所通。天之所覆。地之所載。日月所照。霜露所墜。凡有血氣者。莫不尊親。故曰配天。不然。全球國土如此其廣且遠也。全球民物如此其繁且多也。倘非至聖之聰明睿知。烏能以統攝治理之。綽綽然有餘裕哉。

火星

火星距地最近。直徑一萬四千七百六十里。距日四十一千七百萬里。繞日一週約二十三月為一年。自轉一週。二十四小時半為一日。其中陸多而水少。其中有紅洲綠海。亦有人物。已到巳末。食惟獸與樹葉草楷。不以米為飯。以草種為之。身高一丈。其語言如虎。文字如此。

天　地　日　星　山　水　東　西

其中第一大河曰千卩≋。次曰串ɑ氿。第一大山曰ヤ十凶。次曰十犬十。其上之人。視日如茶杯。甚寒。分二海。曰南海。曰北海。又脊三界。曰十十界。曰十十界。曰十十界。人面如雪。其上四層各異。亦無衛星。此火星也。

火星之外。有小行星七千餘球。有大有小。成羣而行。形如圓球。色各相異。其中最大者。曰穀女星。女王星。其中尚有山水。亦無人物。其餘皆圓球耳。

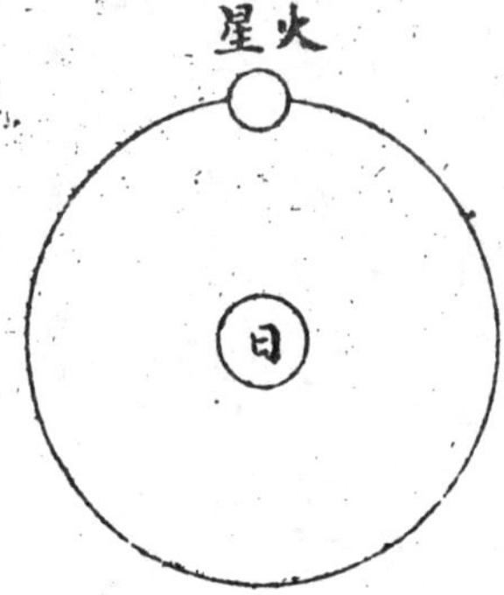

火星繞日

火星平面
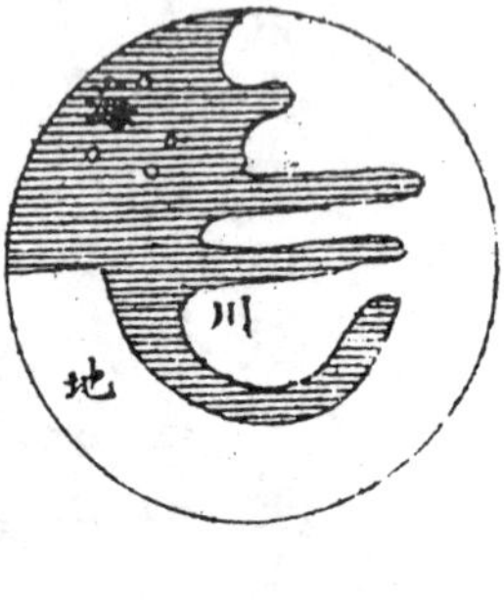

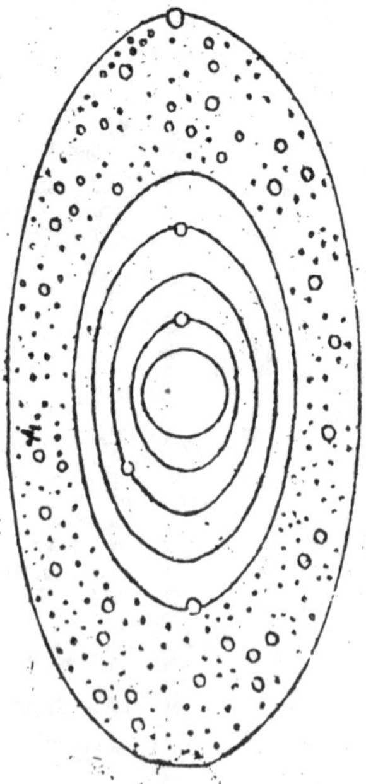

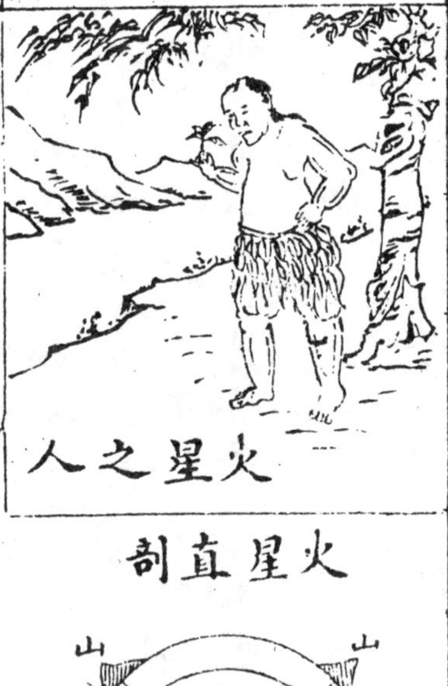
火星之人

火星直剖
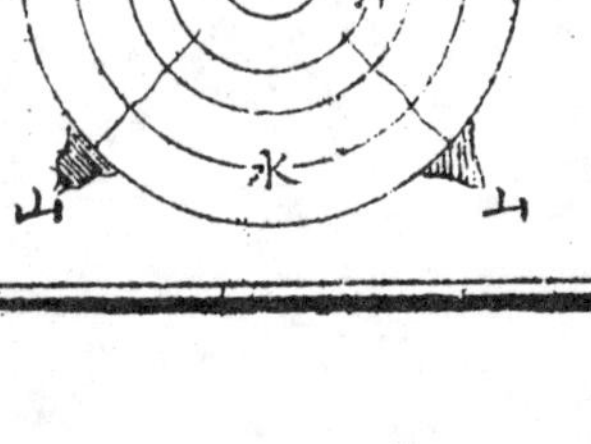

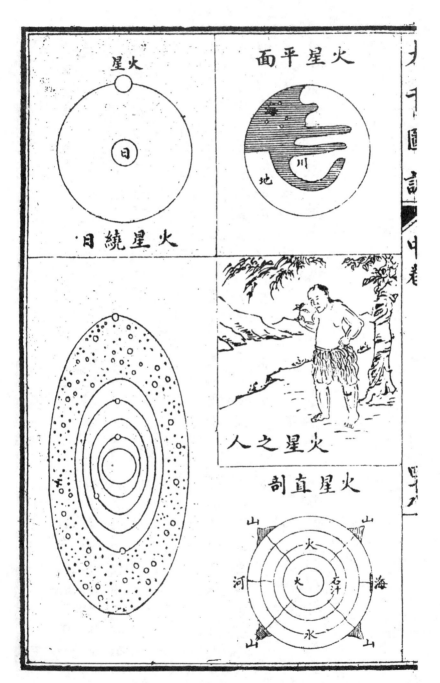

木星

木星距日甚遠。共一百四十二千七百零七萬九千里。體最大。直徑約二十五萬六千一百七十里。較之地球。大千餘倍。繞日一週約十二年自轉一週。約十小時。但其質極輕。較之地球僅得四分之一。其中常大搖動。而其空氣極厚。木星有四衛星。遠近不同。故其月蝕較地更多。其上有白氣。如雲如霧。知數十年後。此氣能變海洋。乃其質極熱。水氣不化。故陸地多而海洋少也。且木星之上地廣人稀。恒千里無人。天氣甚寒。水土甚深。必下五丈。方能得泉。人蠢如獸。無文字之說。惟食生獸而已。以草為衣。以木為室。方屆辰會之中。此木星也。

木星直剖

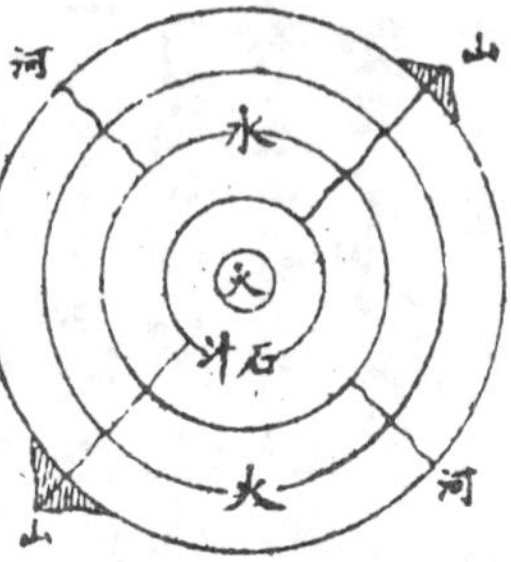

木星平面

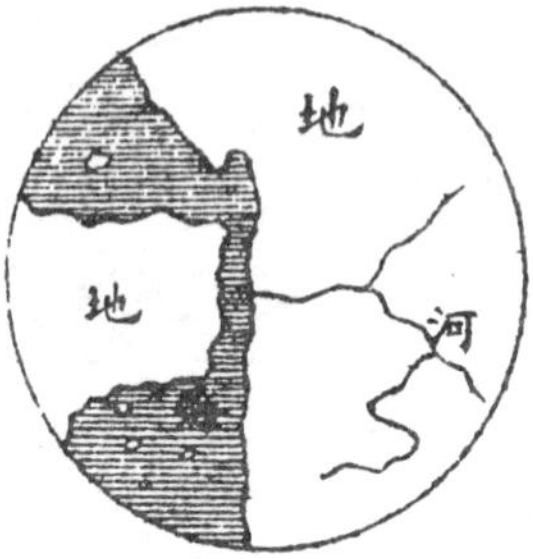

木星之月

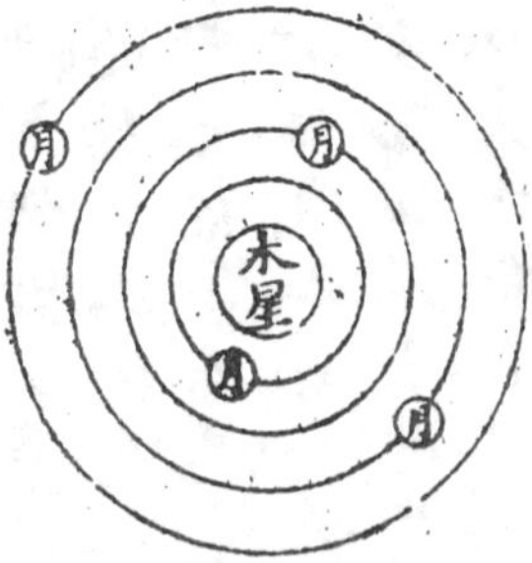

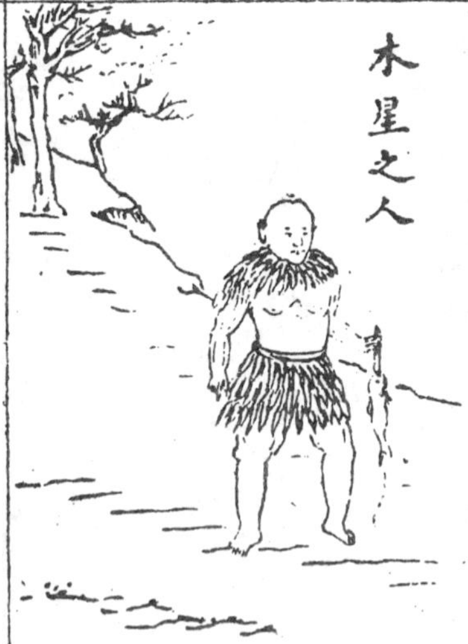

木星之人

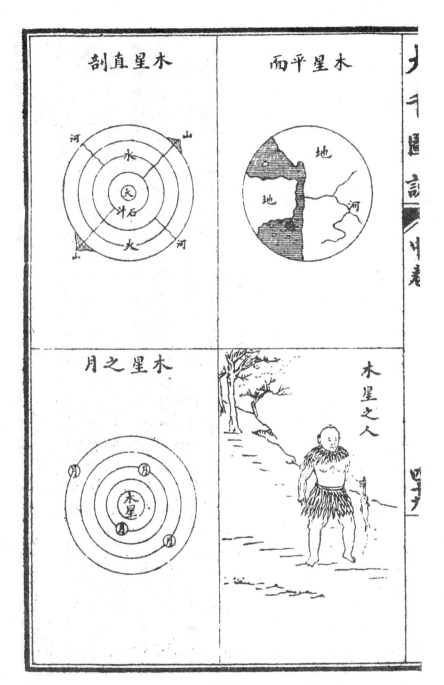

土星

土星距日甚遠。共二百六十一千六百萬里。直徑約二十一萬六千里。繞日一週。約二十九年。自轉一週。約十小時半。且有八月繞之。光明燦爛。外有光環三道圍之。人易於認識。其外環直徑五十一萬餘里。闊三萬里。中環直徑四十三萬八千里。闊五萬四千里。外環至中環四千五百里。更有內環為極薄之光。與中環相近。內環離土星只三萬里。其上人智如神。以果為食。以洞為室。言語清新。方居卯會之末。此土星也。

土星直剖

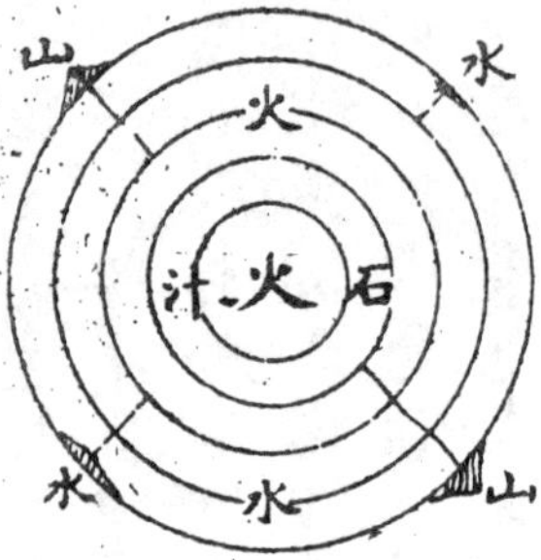

土星平面

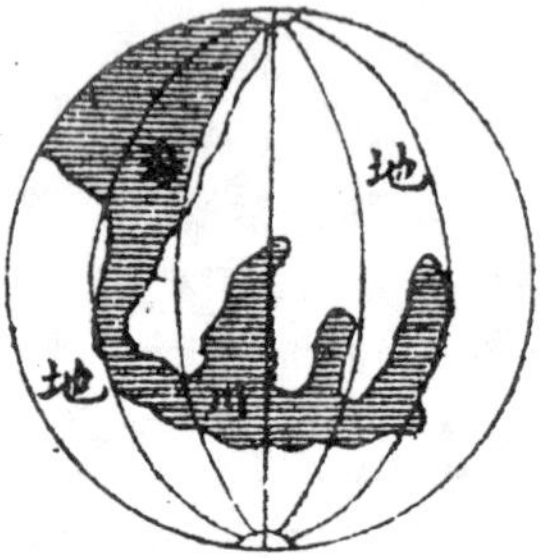

土星之月

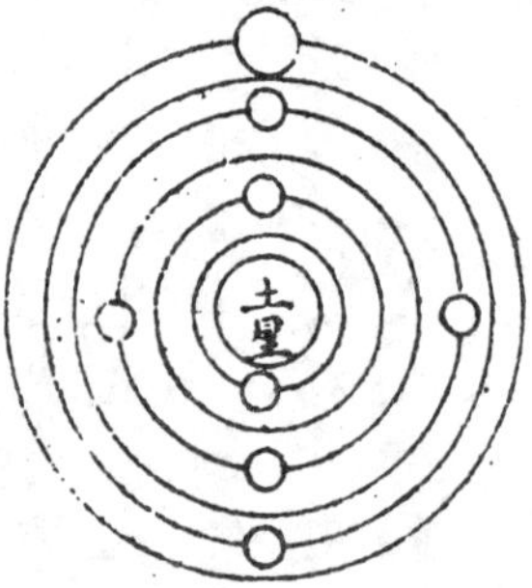

土星之人

土星光環圖

天王星

天王離日甚遠。共五百二十六千二百萬里。直徑九萬九千零七十二里。繞日一周。約八十四年。但其自轉之向與地球反。自轉約十小時一週。外有四月繞之。方屆丑會之末。尚無人物。惟有山水。此天主星也。

天王直剖

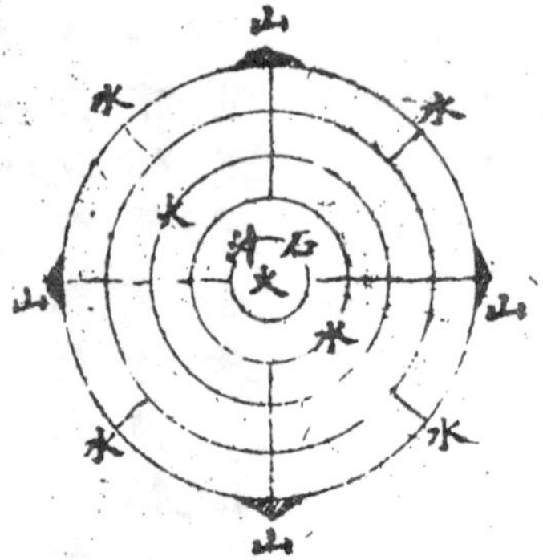

天王平面

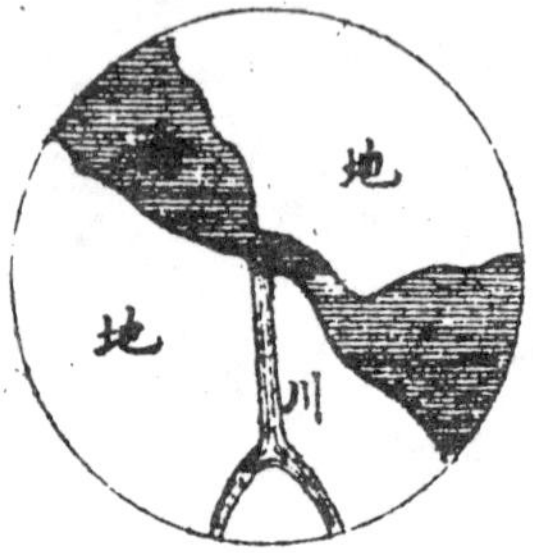

天王繞日

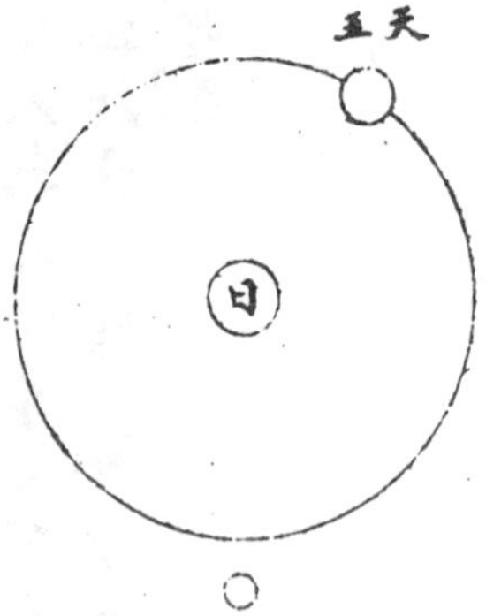

天王之月

海王星

海王星距日最遠。共八百二十三千八百萬里。直徑約十萬一千里。繞日一週。約一百六十四年。自轉一週。約十小時。其質輕於天王星。動植物皆不生。方屈丑會之末。因其中有大海。故名海王。此海王星也。

海王平面

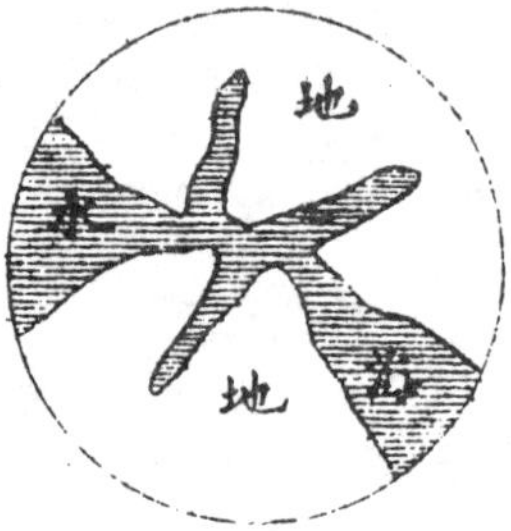

海王直剖

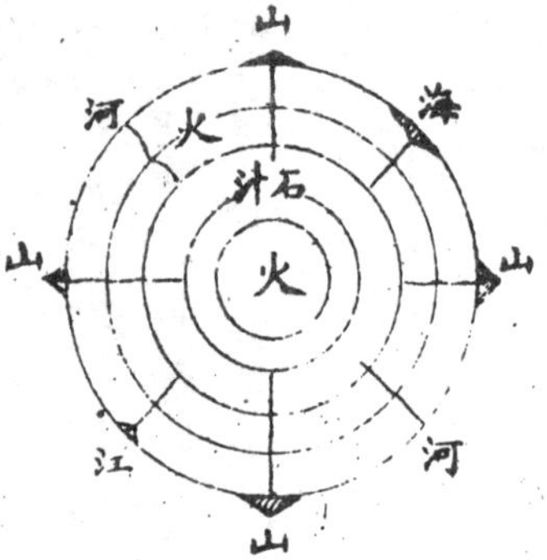

海王之月

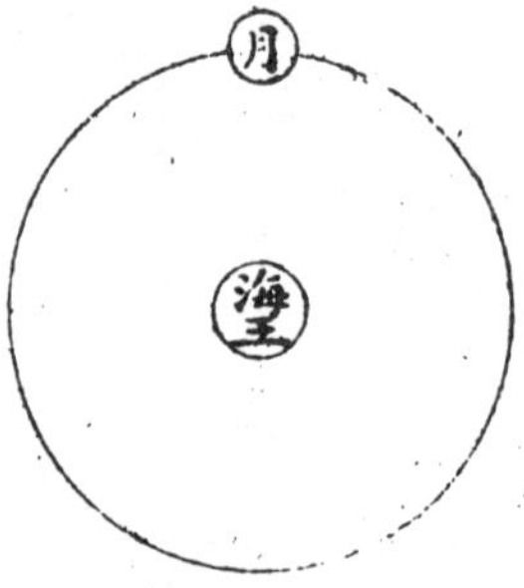

海王繞日

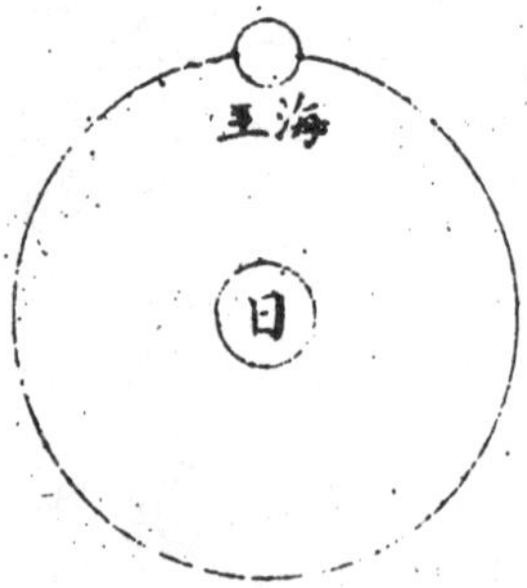

彗星

彗星亦繞日之行星也。其質難言。猶如流星。其形如帚。故名帚星。大小不等。遲速無定。其軌道與各行星相交接。非至與日近處不能現形。此彗星也。

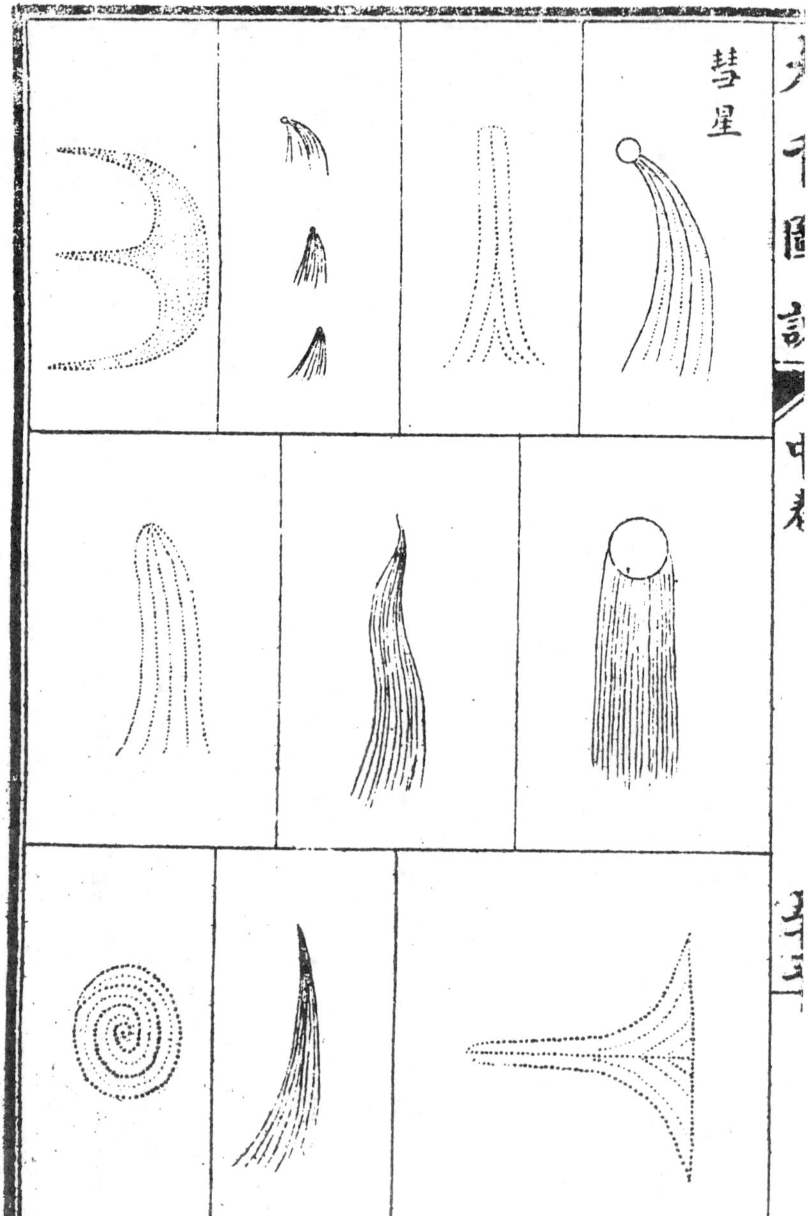
彗星

北極星系

北極星

北極星自旋轉而不動移。上有光球。熱力極大。內含磁質。外有百餘行星。皆被其所吸引。繞之而行。遂又成一北極系矣。質乃毒火。不能有人物。惟北極星君居焉。直徑長一千二百七十萬零七千八百里。統攝北極一切星球。此北極星也。

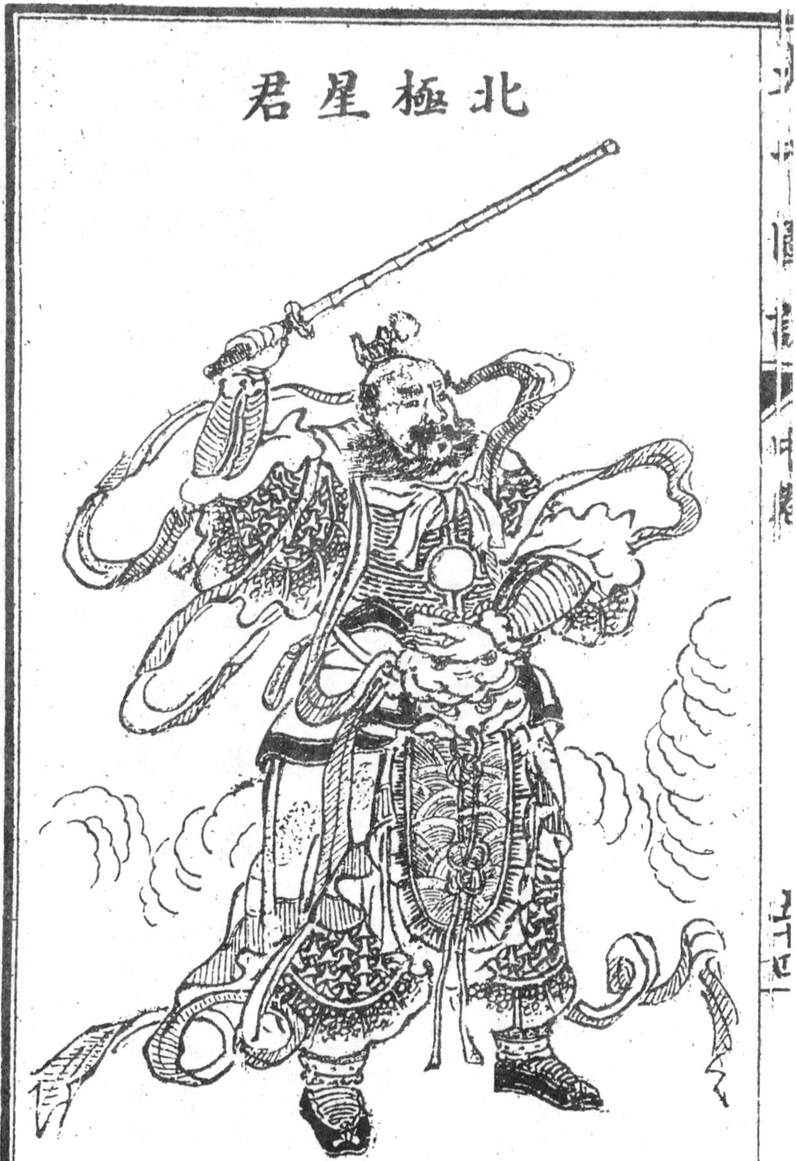
北極星君

北極星系總論

北極星系諸星共百餘星。其直徑之長短。地質之不同。衛星之多寡。山水人物文字之有無。地內之火水。地外之形勢。種種不一。各各未定。大約繞北極之星總分四層。內層之星（即一層）曰搖光。三師。天牢。天理。太守。天床。天舍。內階。天虹。八穀。左衛。右衛。天鈎。造父。上樞。中樞。下樞。天棓。天史。女史。上輔。下輔。天乙。九公。扶筐。三麗。天船。天飛。內廚。外廚。二層之星曰大理。太乙。伏龍。鳳雛。龍池。鳳閣。天宇。天鐸。天弦。九球。天球。天玉。國寶。良珍。集英。三水。傑寒。辟塵。天水。天正。天修。天龍。上丞。下丞。御女。咸池。五車。天丁。三身。天旗。三層之星曰織女。輦路。漸臺。天琴。天斧。車府。寶相。貴公。天城。天軍。天才。天財。天泣。飛雲。九瓶。多吉。慶壽。惠公。天狼。徧乘。天蠱。虛梁。司資。司元。司空。司雲。天吏。使者。得祿。薄光。四層之星曰天戶。北落。師門。玉環。神女。將軍。天廐。天厠。天陵。天曲。天花。天魚。天田。玉井。天羊。天矢。天緒。天溪。天陽。天泰。天濟。天仲。少陰。天單。天金。天池。天精。天獸。七虎。此外尚有他星。勢難盡舉。今擇其最大者特加分論焉。

北極星象全圖

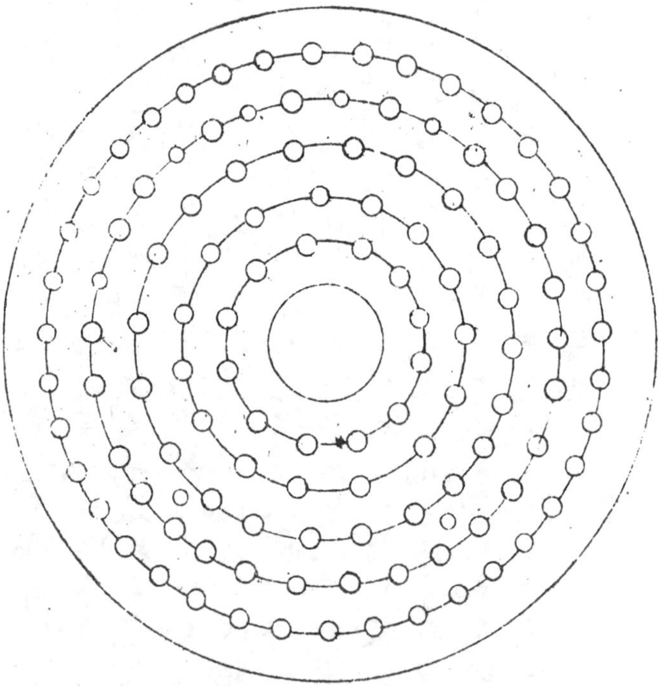

太尊星

太尊星。直徑五萬里。山河環繞。鳥獸羣生。水少陸多。氣候平和。其中之人。似獸非獸。似禽非禽。有二翼四足。人面猴尾。徧身有毛。兩肩各有一角。四肢皆有數鱗。居於森林之中。高一丈零二寸。能飛能走。又極靈敏。能語言。有文字。常游水登山。力能拔石木。明能察秋毫。無一衛星。夜則黑暗不辨咫尺。此其所缺。太尊星也。

太尊平面

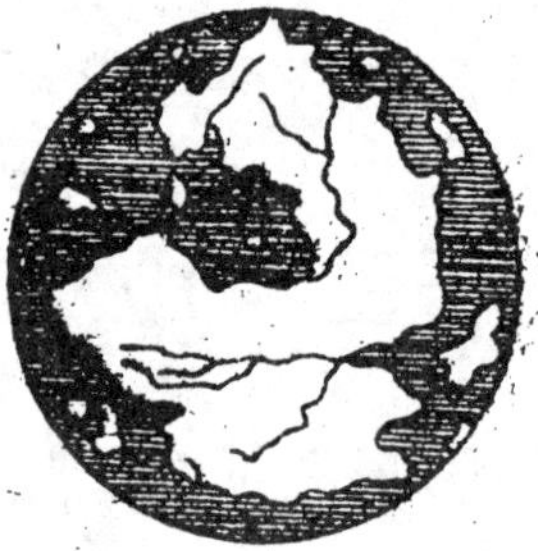

太尊直剖

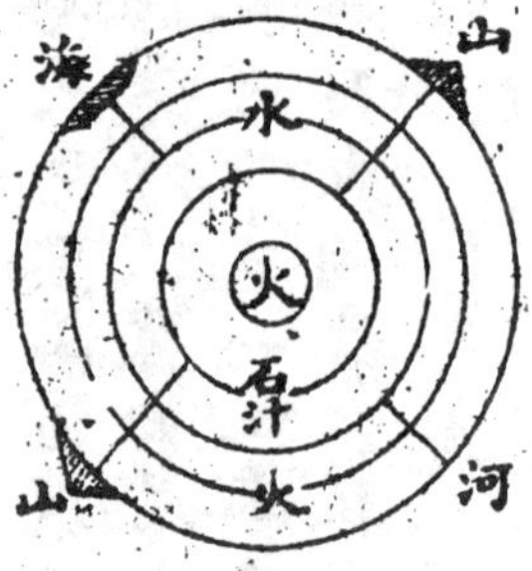

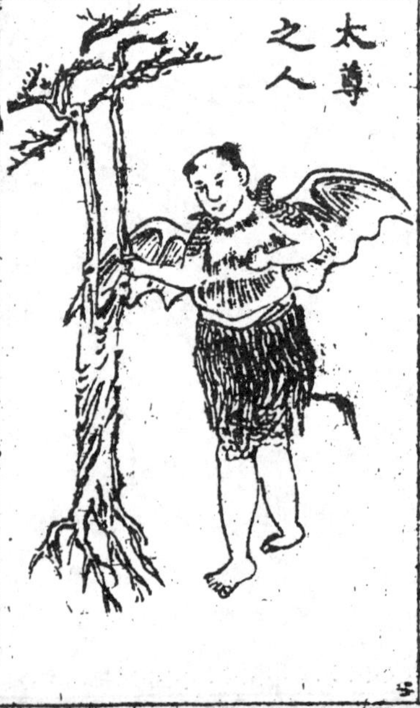

太尊之人

太尊繞北極

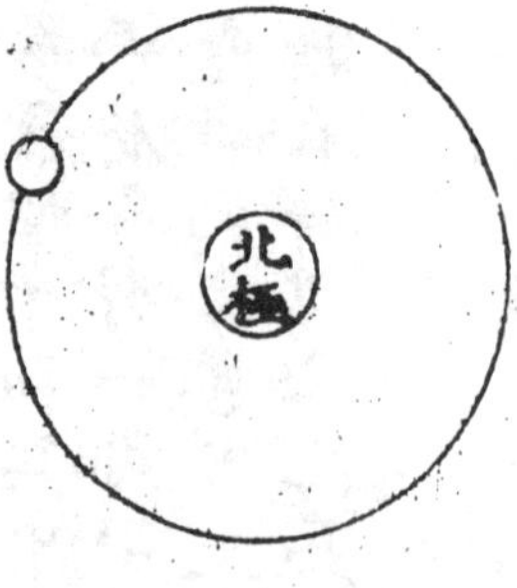

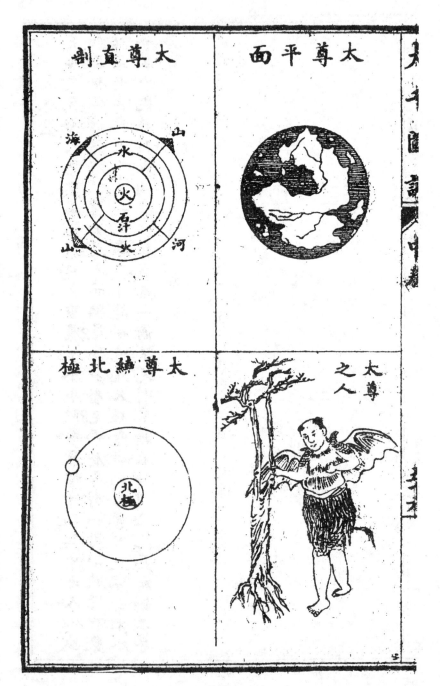

三師星

三師星內。樹木不生。惟有微小之禽獸。氣候甚熱。其中有人甚巨而重。高八尺許。胸有小空。可以入繩。髮長寸許。而不再長。生即有鬚。老則落。無不論沙石禽獸。無不食者。壽只三十歲。智莫大焉。有語言文字。惟人雖精巧。而無貿易之說其聲如虎。其文字如下。水居五分之四。山居五分之半。

人	地	天	物	月	獸	禽	星	石	左	右	上	下
十	土	千	十	◎	ㄷ	Φ	⁘	⟐	├	┤	┬	┴

外有三月繞之。自轉一週。二十八小時。繞北極一週。須地球之百年。其直徑長六萬里。此三師星也。

三師平面

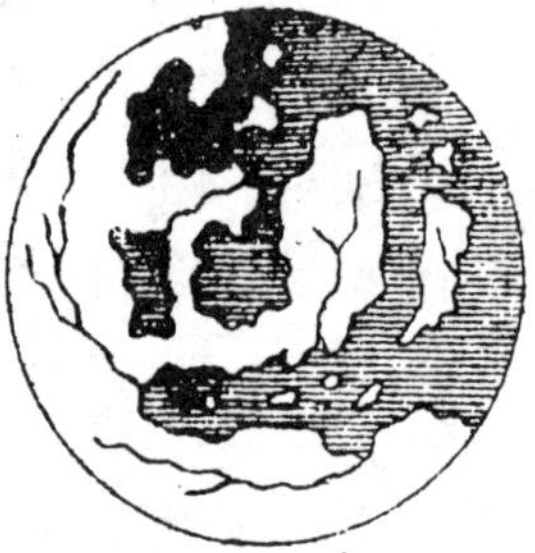

三師直剖

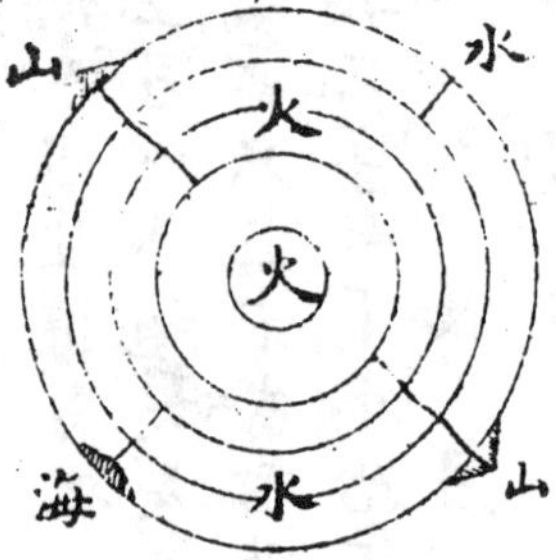

三師之人

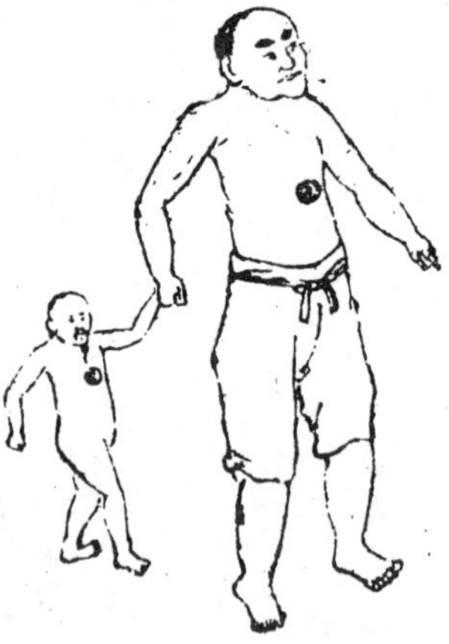

三師之月

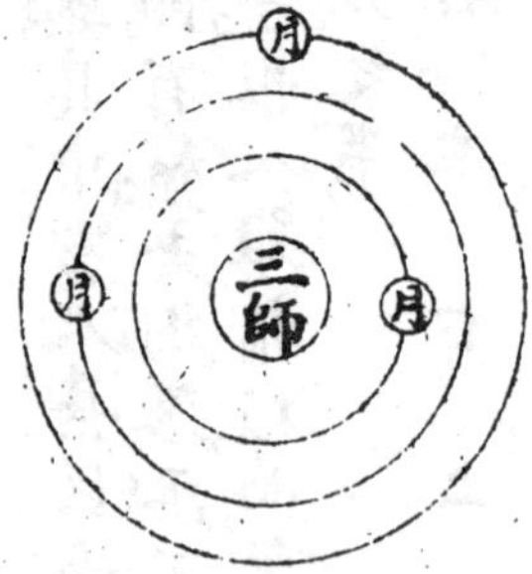

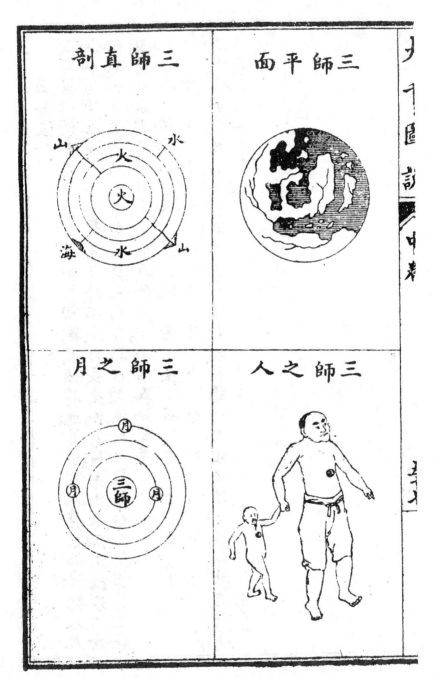

天床星

天床星。山水清秀。草木芳馥。鳥獸羣生。人物稀奇。其上之人。身高一丈五尺。立則曲其左足。行則持其二耳。好遊於山林。執利刃以敵猛獸。常泅於大海。著皮衣以避水族。見其同類則笑。一人笑則羣與之共笑。見猛獸則怒。一人怒則羣與之共怒。種種奇態。不可勝數。言語如雷。文字極簡如下。

天地人物月星山水禽獸中火土木左右上下草花

其直徑長六萬里。此天床星也。

天床平面

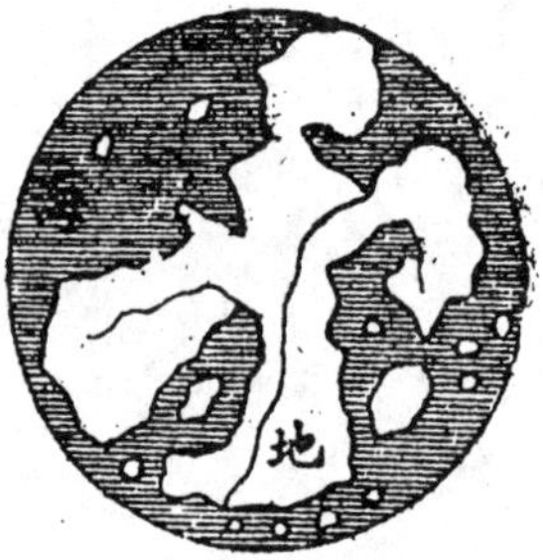

天床直剖

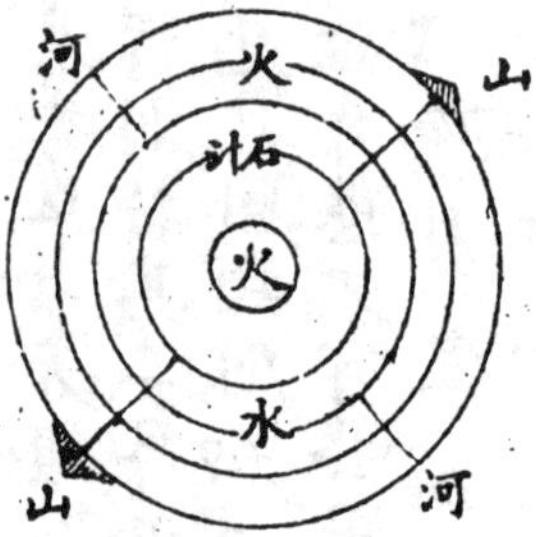

天床之人

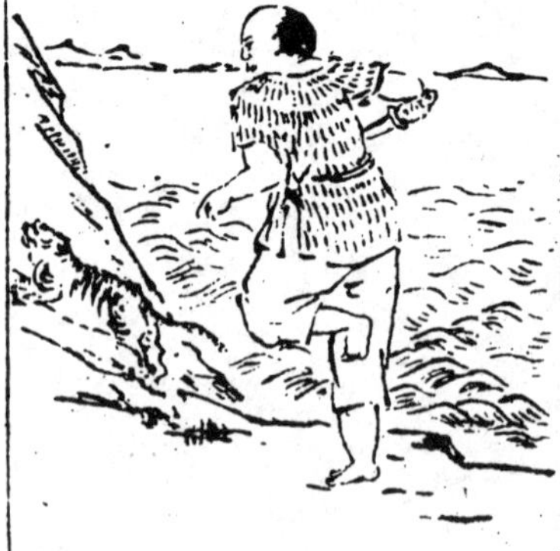

天床之月

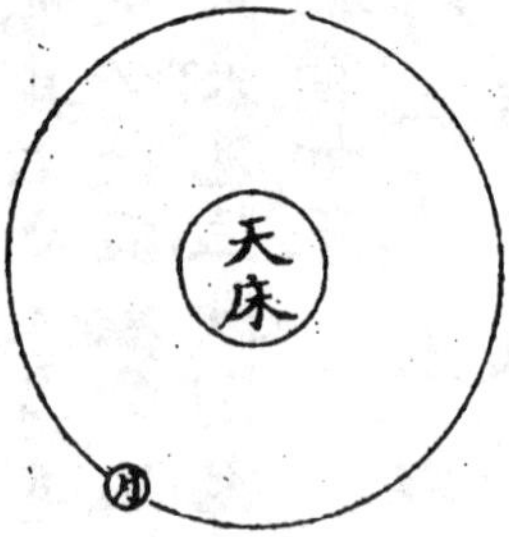

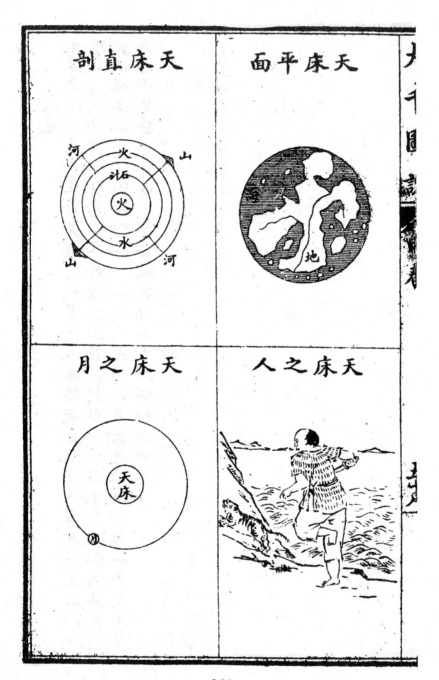

搖光星

搖光星直徑五萬五千里。距北極二萬二千二百萬八千里。質如水晶。自能發光。甚巨。但質搖搖不定。故曰搖光。氣候甚寒。人物微小。人一手一目。有尾有角形似禽獸。惟能直行而已。全身有毛以護體。鼻生銳錐以衛身。居於深山巖洞。食則木葉草皮。生息甚繁。壽數頗高。山林如麻。江河罕稀。井池無數。草木繁生。言語如鳥。文字如下。

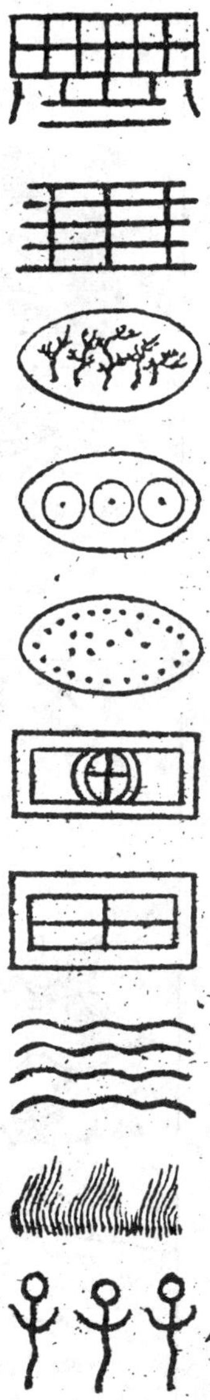

天 地 林 月 星 井 池 水 火 人

其星之外。有三月圍繞之。光明非常。此搖光星也。

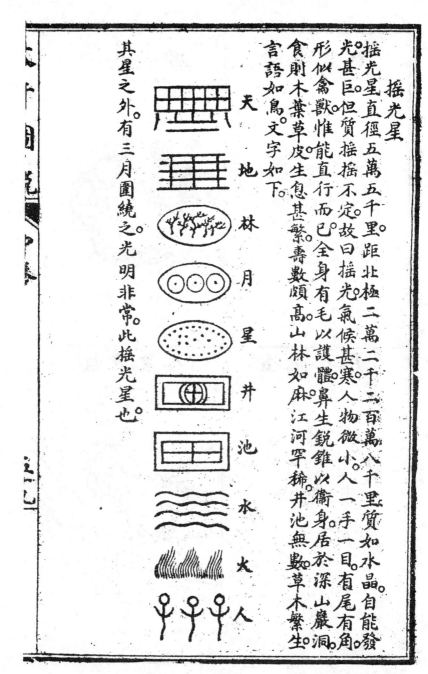

搖光下面

搖光直剖

搖光之人

搖光之月

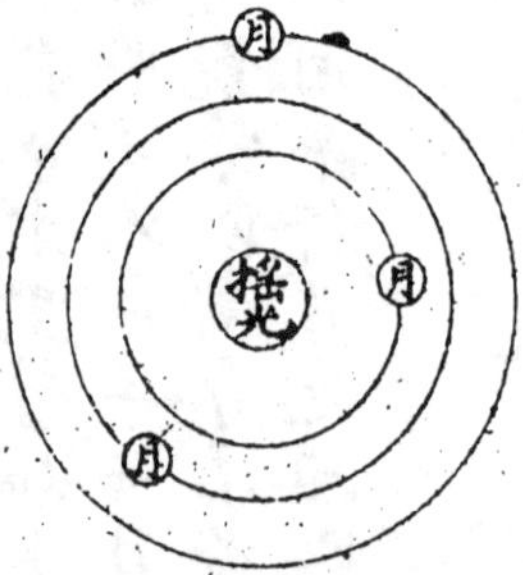

天舍星

天舍星地面廣大。人物皆無。山水清秀。明月交潔。草木叢生。其上氣候甚熱。大山如麻。無時不噴。初時未嘗無人物也。現已被大山燒死矣。其三月中。皆有人物。身高二尺。相貌凶惡。有二翼。飛甚速。捕鳥為食。言語如鋒。文字如下。

天地物月星山水草木左右南東北西人上下土大

其直徑長八萬餘里。其三月直徑各長一萬里。此天舍星也。

天舍平面

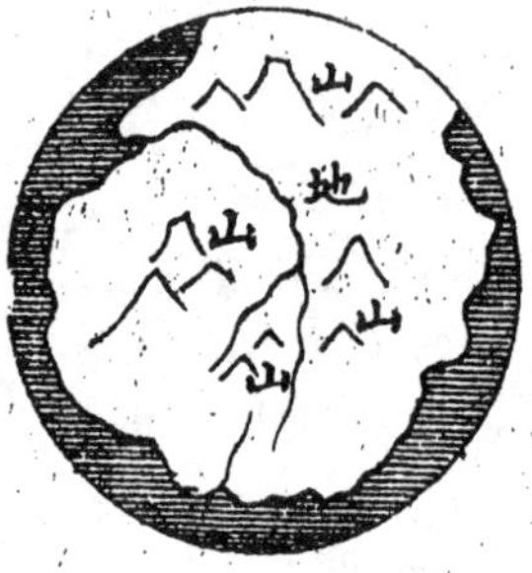

天舍直剖

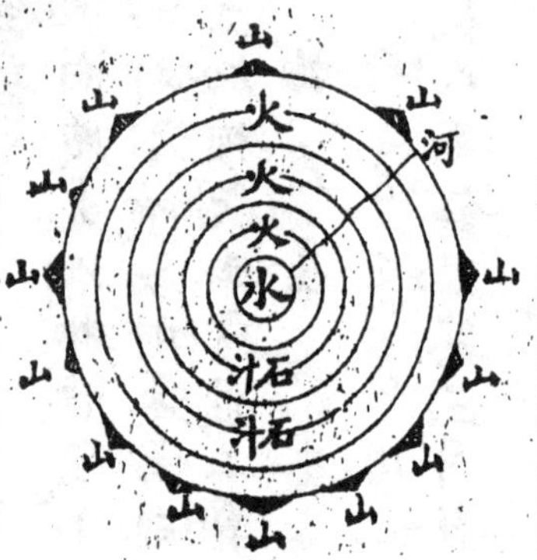

天舍之人

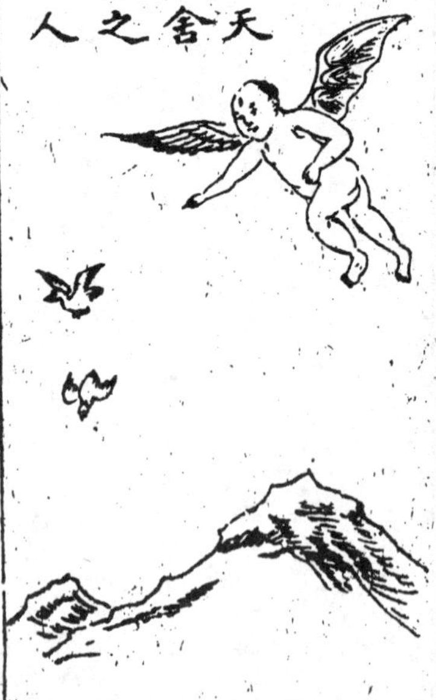

月繞天舍

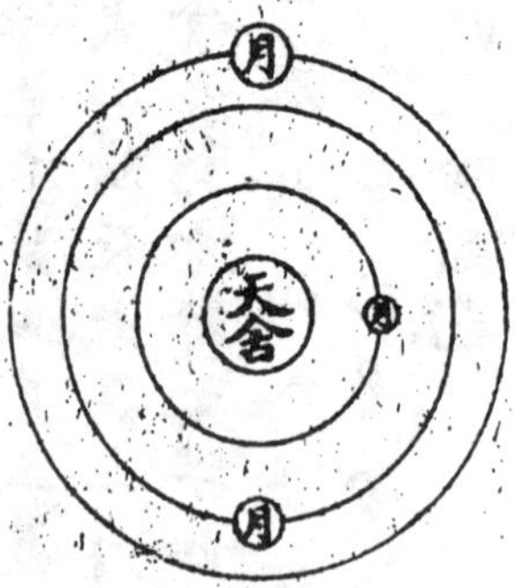

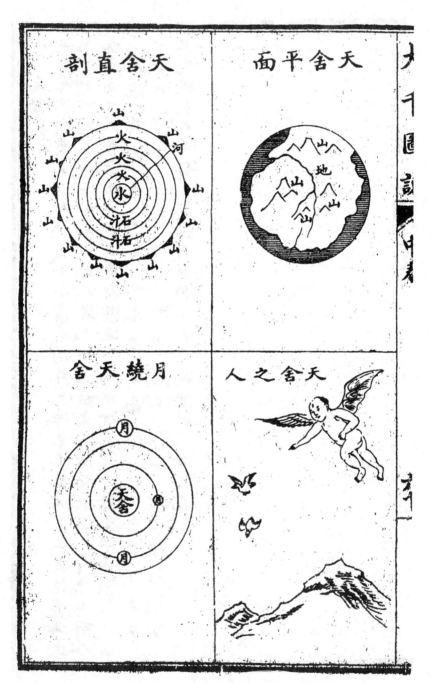

天牢星

天牢星直徑七萬三千六百里。距北極四萬五千六百萬七千里。質似白銅。堅而且硬。非火不能溶化。其上大山森立。晝噴夜止。地殼皆熱。無一海河。動植物皆不生。其行甚速。一小時能行九萬餘里。其外有二月繞之。一曰清明。一曰清潔。其上各有人物。微小無比。此天牢星也。

天牢平面

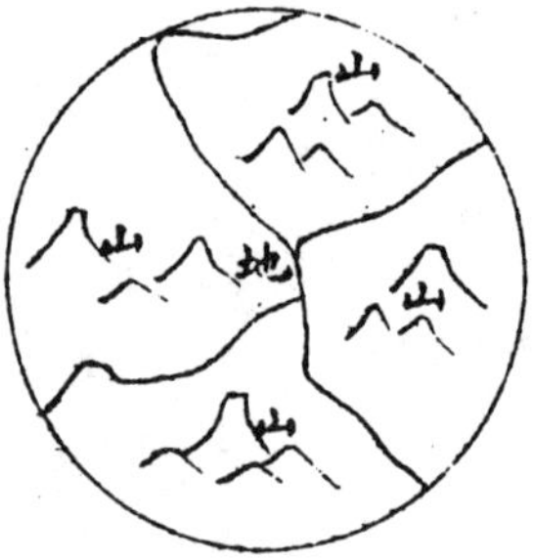

天牢直剖

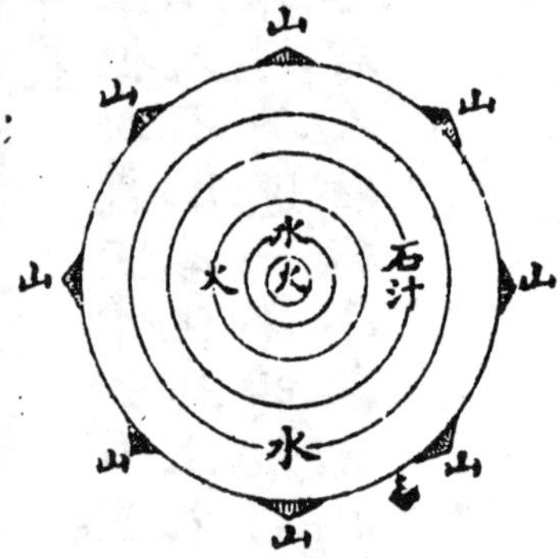

天牢之月

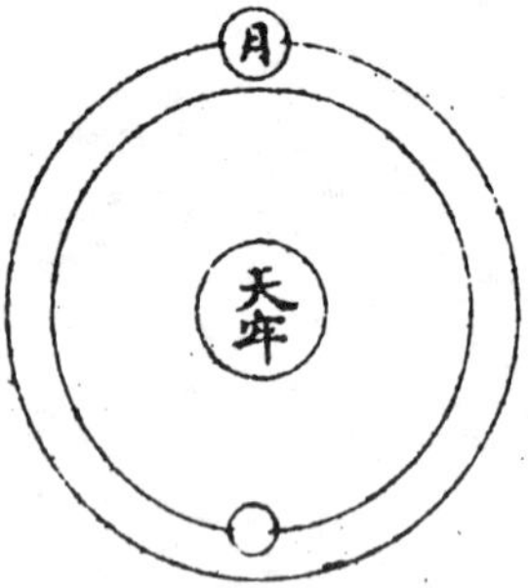

天牢繞北極

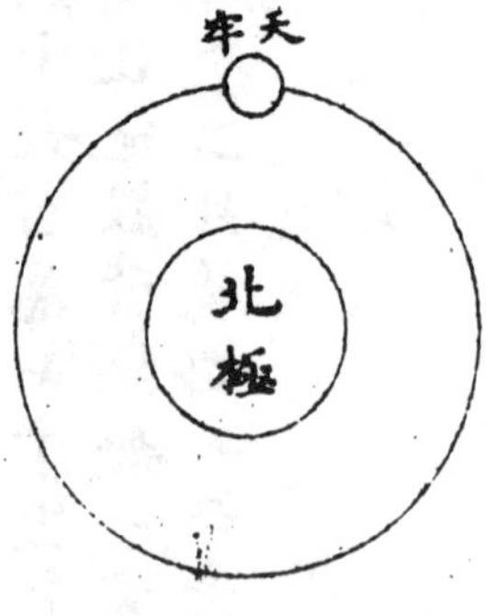

內階星

內階星人物浩繁。山水甚多。人身高一尺四寸六分。翼能高飛。身後有尾。狀類獼猴。且極靈巧。有文字之說。有貿易之事。其星雨石及土礫。人皆藏於山洞。否則壓於石下矣。又有一種。似地球之人者。身高八尺。肱長過膝。鬚長及股。穴地而居。文字極繁。形式如下。

其直徑長七萬里。此內階星也。

內階平面

內階直剖

內階之人

內階之月

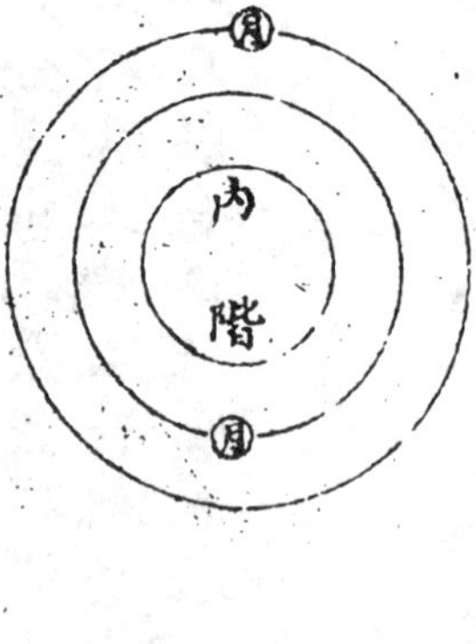

天虹星

天虹星直徑九萬里。氣候平和。人物偉大。有三種。其北部有人。身高丈二。力能移山。而蠢愚無文字。語言極繁。一言不知變幾百言也。飲食極多。以土木為食。居山洞中。其東部有人。身高五尺。生二翼。能高飛。極靈敏。有文字之說。其西部有人。身高二三尺。有四翼三目。惟不能言語。而有文字。一手在左。善跳躍。若見其北部之人。則伏地不敢少動。此天虹星也。

天虹平面

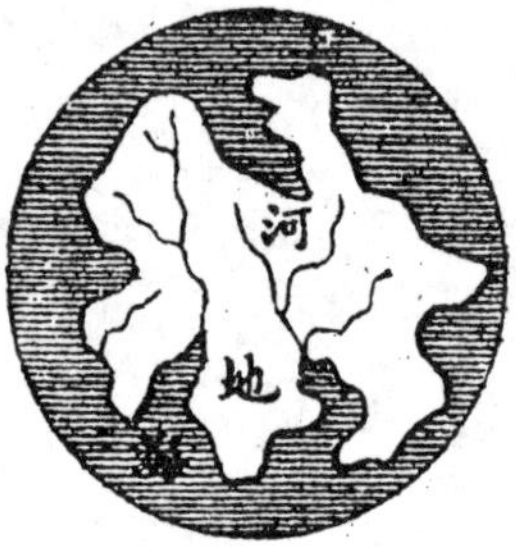

天虹直剖

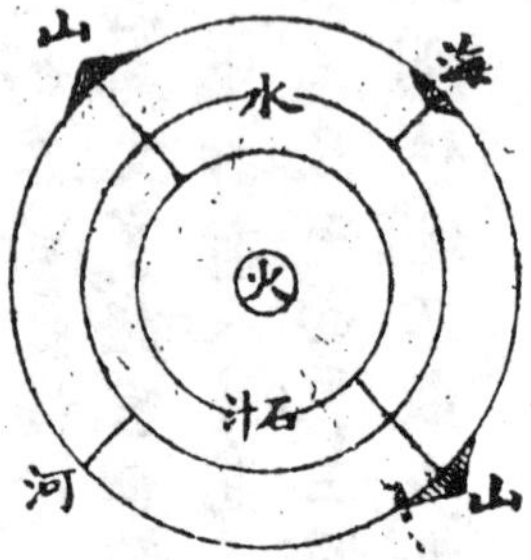

天虹之人

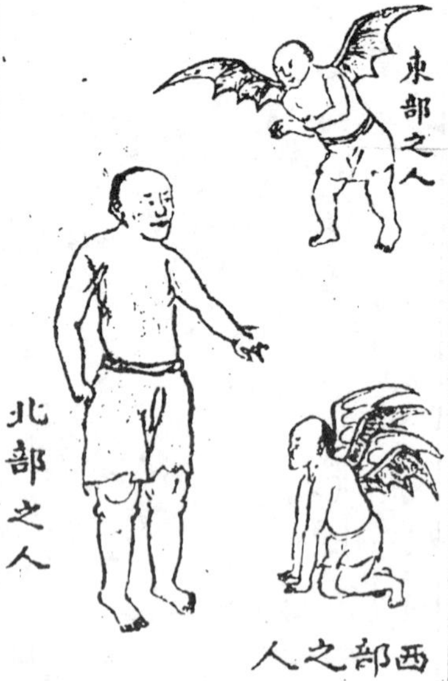

天虹之月

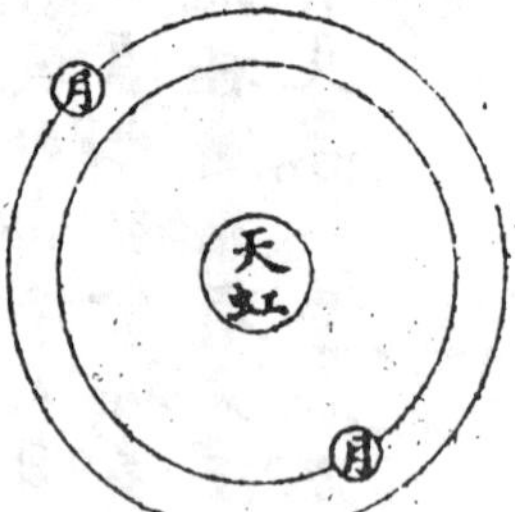

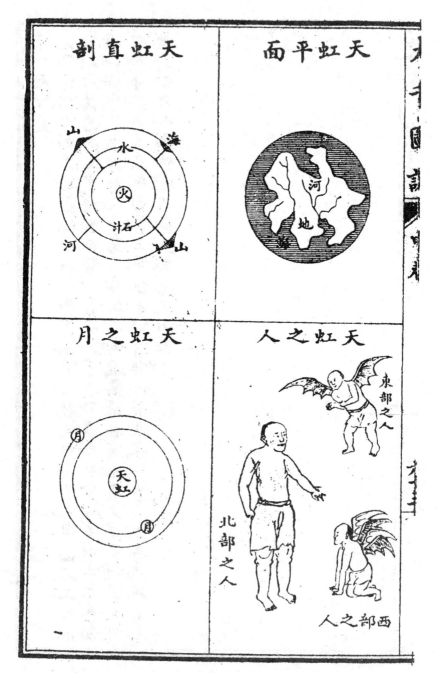

南極星系

南極星

南極星。自旋轉而不動移。發極明紅光。內含吸引衆星之力。其直徑長七百七十五萬零八百里。上有一黑斑。常常移動。乃其光球也。三日一週。惟熱力極大。質似流星。故人不能居耳。而南極星君居焉。繞之而行者。有百餘星。皆魚貫而行。不如他系之一一有軌道也。皆屬南極星君統攝此南極星也。

南極星君

南極星系總論

南極星系。星共百餘。皆不相同。各有奇景。總分四層。曰天笛。天鐘。天鼓。天簫。天竽。天笏。天樂。天竿。天笞。天符。天笵。天筏。天筐。天筥。天笠。天扇。天羽。天筮。天筲。天筵。天會。天函。天箱。天箸。天篁。天篙。天智。天慧。天篷。天參。天篋。天狙。天籃。天簞。天縱。天篗。天簣。天簧。天簮。天潞。天潭。天冊。天籍。天簿。天箒。天霖。天普。天篗。天傳。天系。天絲。天統。天孛。天魁。天露。天霞。天霜。天霧。天霰。天雷。天電。天霆。天暈。天曜。天暉。天景。天儀。天歲。天閏。天暑。天晦。天頃。天期。天曉。天經。天瑞。天境。天郡。天城。天郭。天新。天沿。天靜。天陰。天冏。天阜。天善。天谷。天邱。天湖。天章。天如天泉。天源。天笙。此外尚有他星。勢難盡舉。今擇其最大者。特加分論焉。此南極系也。

南極星系全圖

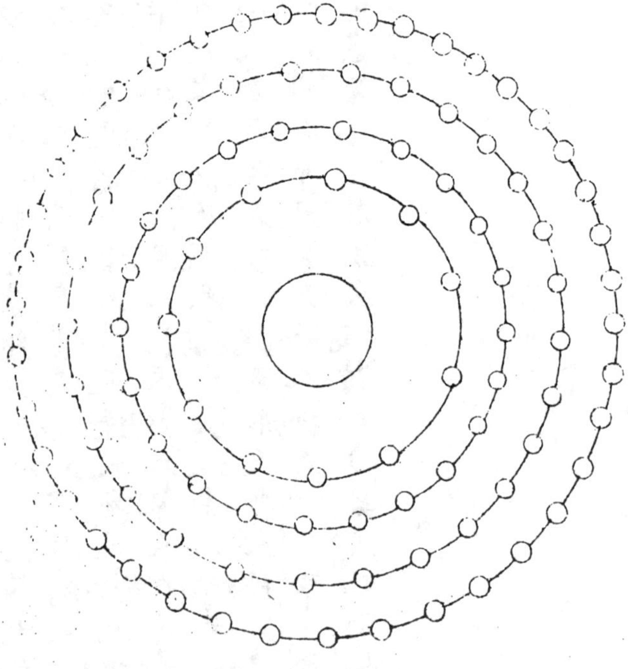

天笛星

天笛星地廣人稀。陸多水少。距南極二萬三千八百五十六萬七千里。氣候甚熱。人物巨大。人有翼有角。有毛有尾。似禽似獸。力甚宏而食甚多。面雖惡而心慈善。精巧無比。但無文字。外有二月繞之。二月之上質如水晶自能發光各有微小之人物。一曰精明。一曰精靈。二星之文字甚奇。如下。

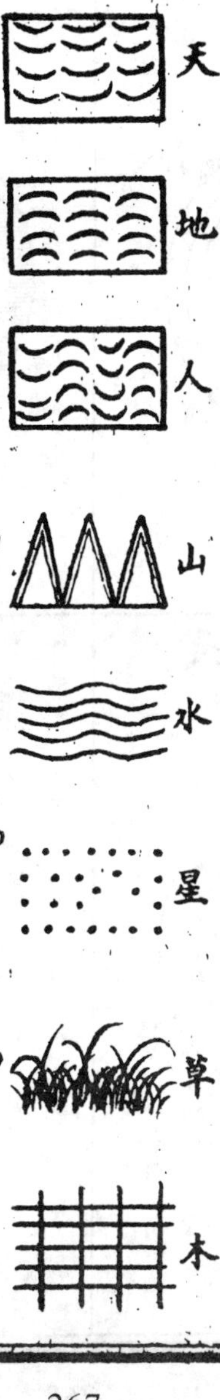

其星之直徑長八萬餘里。二月直徑各長二萬餘里。此天笛星也。

天笛平面

天笛直剖

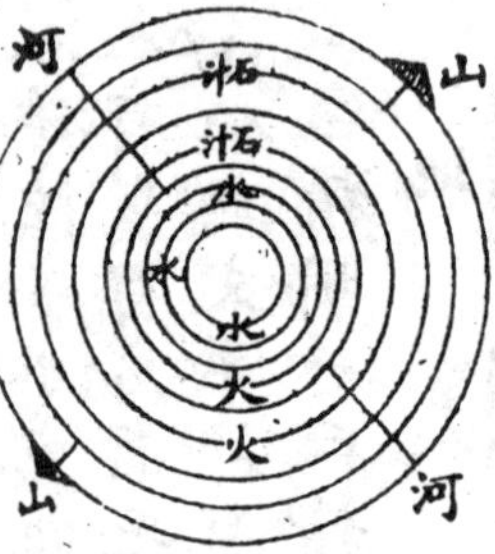

天笛之人

天笛之月

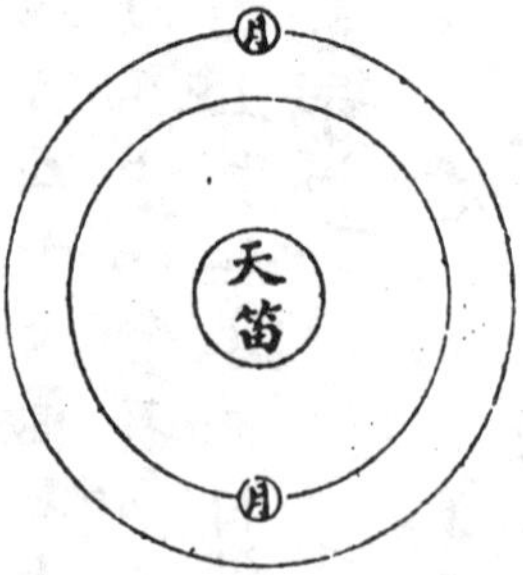

天鐘星

天鐘星。南極星系中最樂之星也。質似黃土。良田沃野。美草芳花。殆不可數計。水陸平均。物產豐富。乘飛禽可以升空。乘水族可以入海。外有七月圍繞。加之光環三匝。晝夜長明。能察秋毫。其上之人與地球相同。各栽果木。以為食物。力巨無比。山岳可移。有文字之說。有長上之分。語言如雷。文字如下。

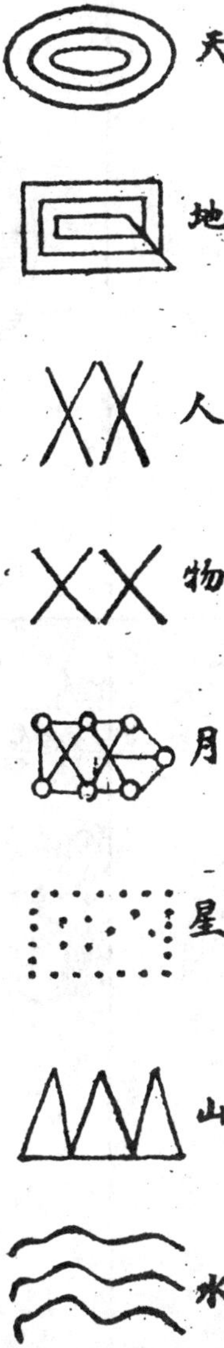

其直徑長五萬里。此天鐘星也。

天鐘平面

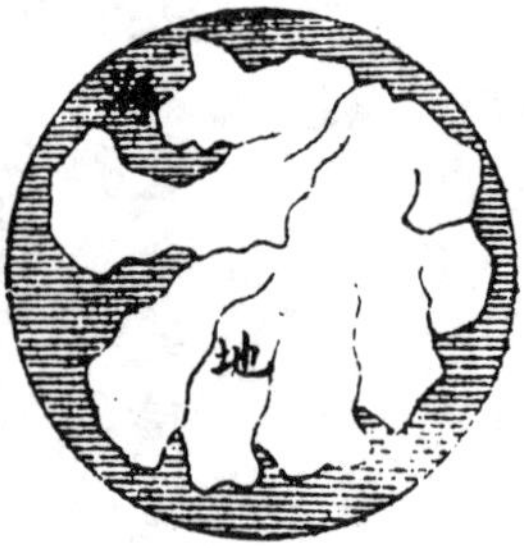

天鐘直剖

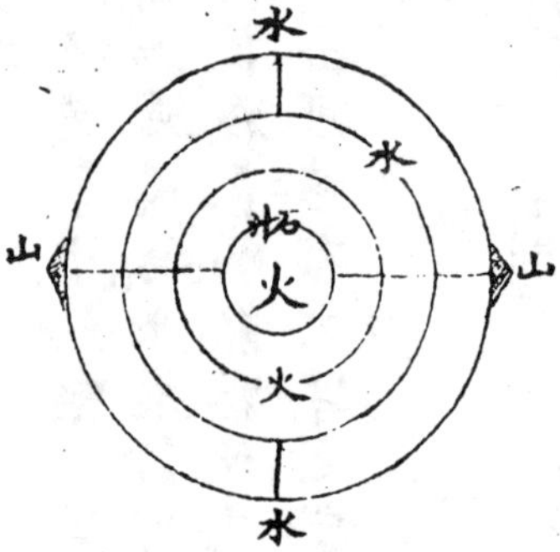

天鐘之人

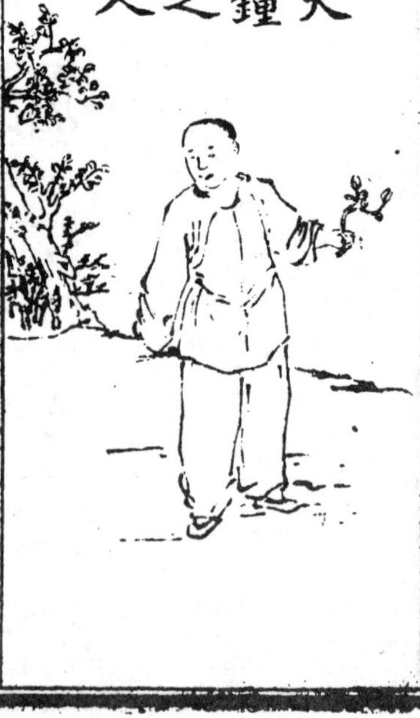

天鐘之月

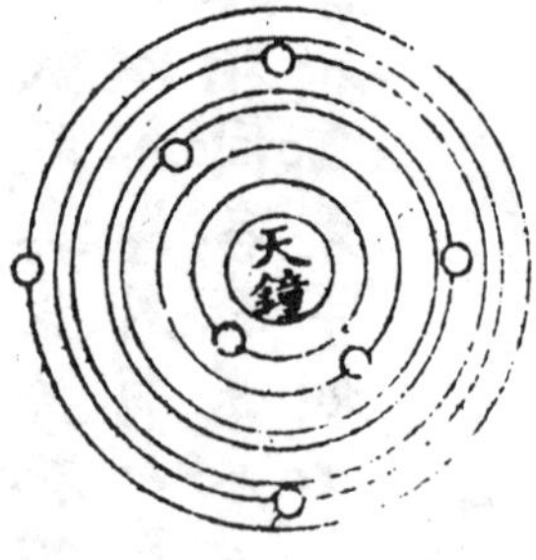

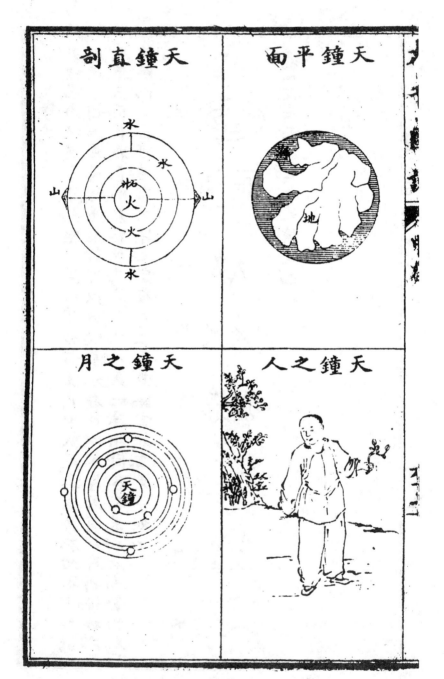

天鼓星

天鼓星。直徑六萬七千里。氣候甚熱。人物充塞。有大河圍繞。河中又有火山二百餘座。噴火之時。不甚急烈。而水火相盪。沸聲聒耳。溢於平地。人皆能飛。棲於高樹。其中之人。身小力大。不論草木沙石泥土禽獸。無不食者。蠢愚而無文字。壽至百歲。多不死者。星外有月繞之。質如水晶。能返光如鏡。將千萬里外之物。皆照之明澈。此天鼓星也。

天鼓平面

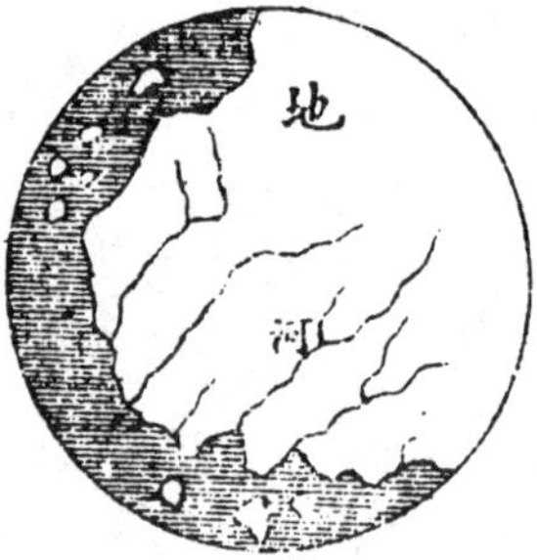

天鼓直剖

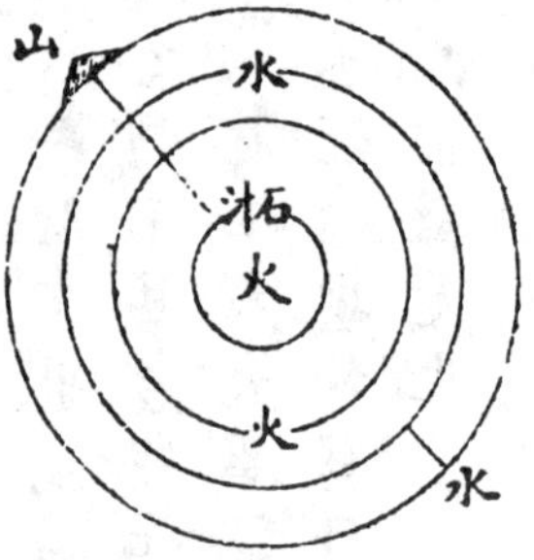

天鼓之人

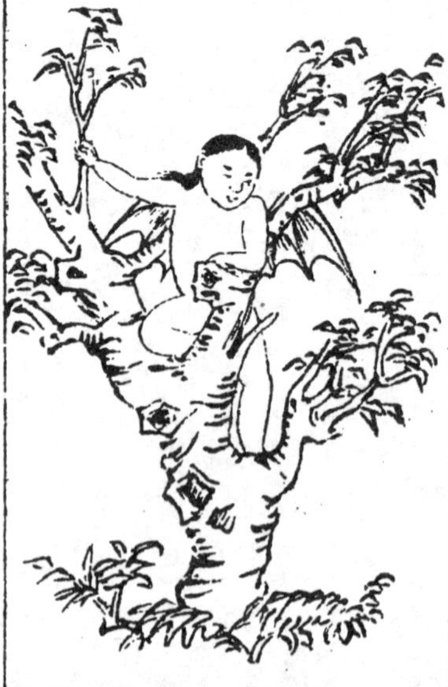

天鼓之月

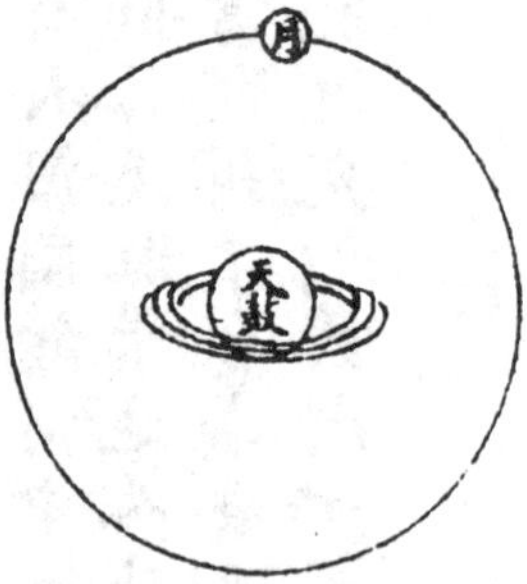

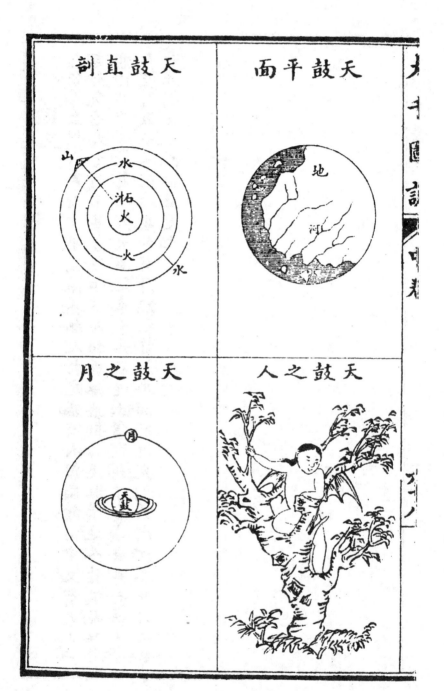

天籥星

天籥星中。與地球無異。樓臺儼儼。殿閣重重。有主有民。有富有貧。山多水少。地廣人稀。其上之人。一角一尾。一手一目。長股大身。六耳二翼。無疾病之說。無貿易之事。語言聲振山岳。文字極簡。形式如下。

ᘔ S O D 9 W 三 // 仌 우 卜 어 우 古

其直徑長九萬里。此天籥星也。

天蕭平面

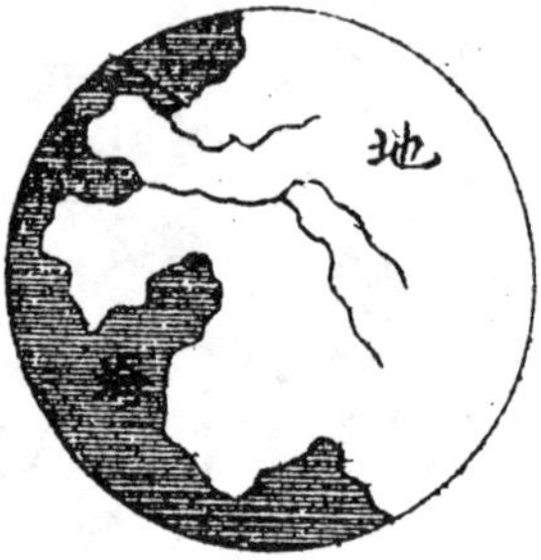

天蕭直剖

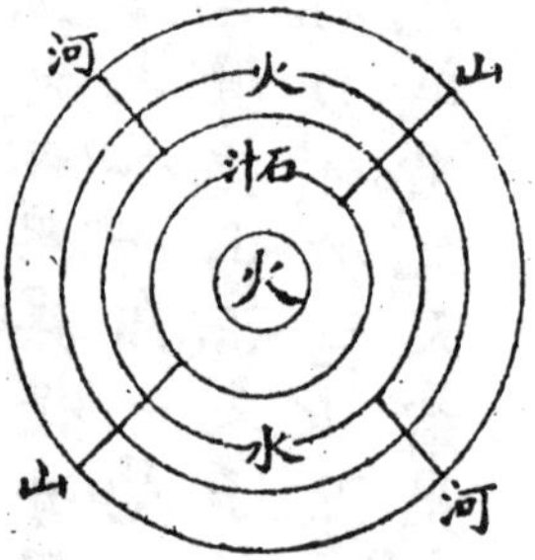

天蕭之人

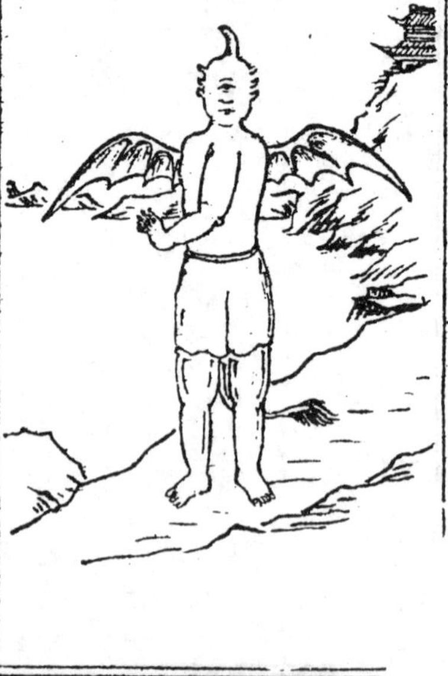

天蕭之月

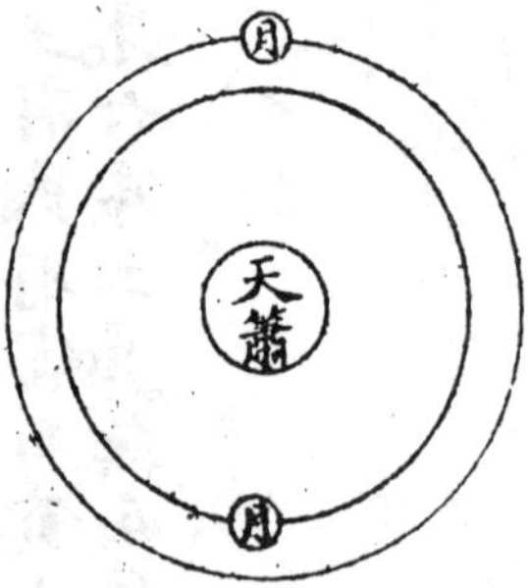

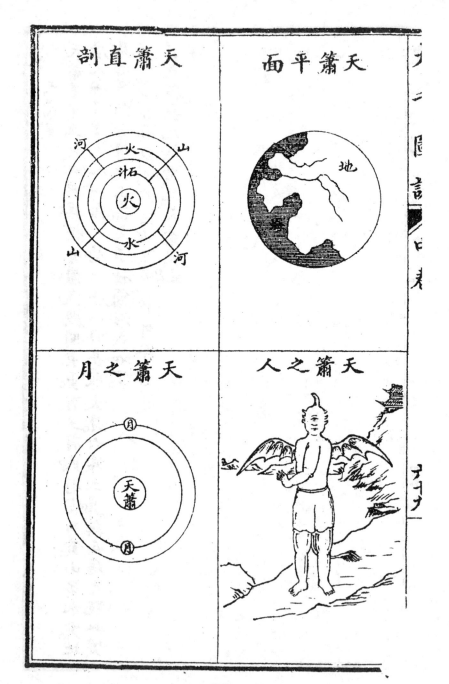

天筲星

天筲星人物微小。氣候寒冷。草木不茂。山河崩枯。乃其已在酉會之末。地將壞故也。人四翼一目。二足一耳。身後有尾。力不能舉薪。將絕人種。竊知再歷五千四百年後。戌會之中。當刼火大發。而無人類矣。此星之外。原有五月繞之。今已落其三。壓死若干人。其直徑長七萬五千里。此天筲星也。

天答平面

天答直剖

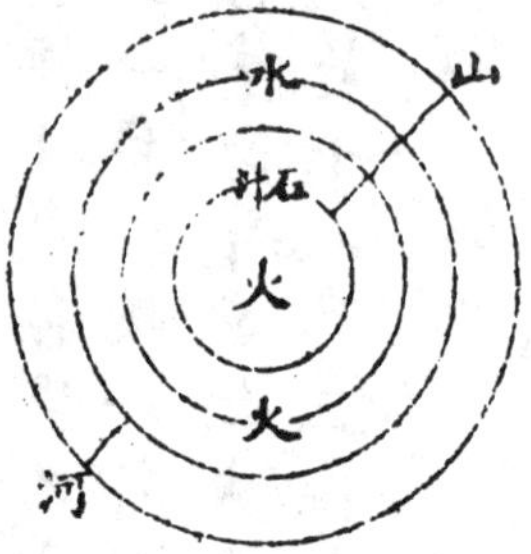

天答之人

天答之月

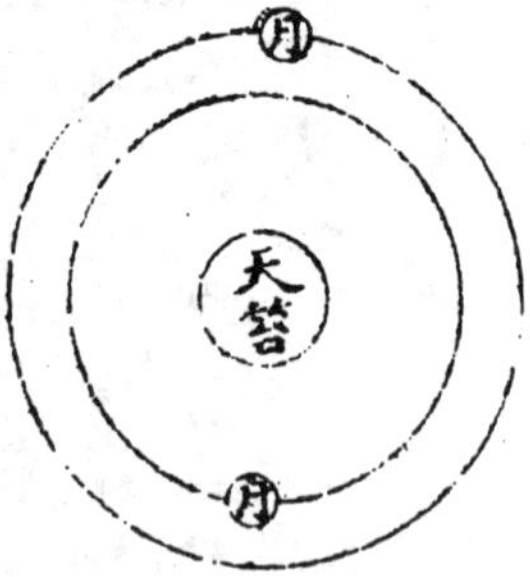

天竽星

天竽星內。氣候不均。冬則極冷。夏則極熱。其質與地球相似。萬物羣生。草木高偉。外有二月圍繞。光明非常。乃安樂世界也。其中之人。皆似地球。惟有四翼能高飛。身長不過三尺。行走極速。言語如鳥。其文字甚簡。而以刀刻石上。以鐵為筆。形式如下。

上	下	天	地	東	西	南	北	鳥	獸	人	山	水	中	星	金	木	土
二	丅	◎	◈	-·	·-	i	⁝	十	ㄨ	文	∧	≋	⊙	⁘	♡	ミ	ⅢⅠ

惟地心火多。徧地火山。人不便為室。居於深洞。地震則飛於空中。故鳥多而獸少。有獸亦深居穴中。而不輕出。其直徑長十萬里。此天竽星也。

天竽直剖

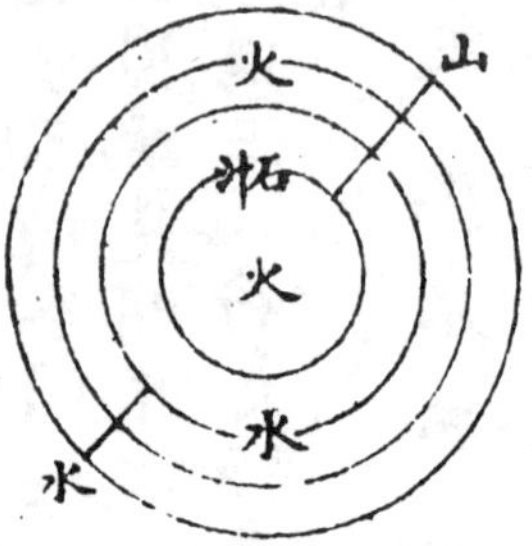

天竽平面

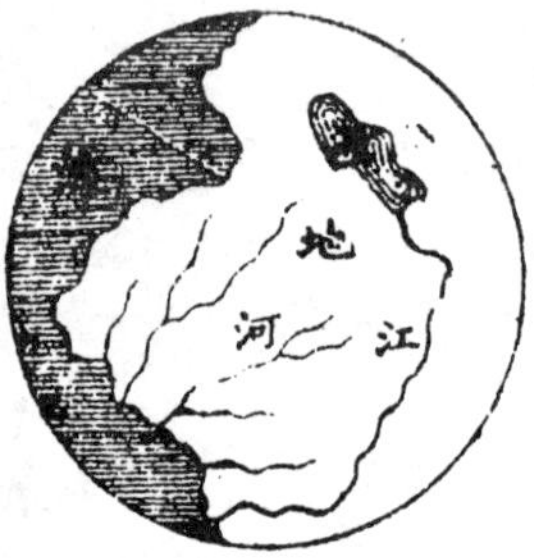

天竽之月

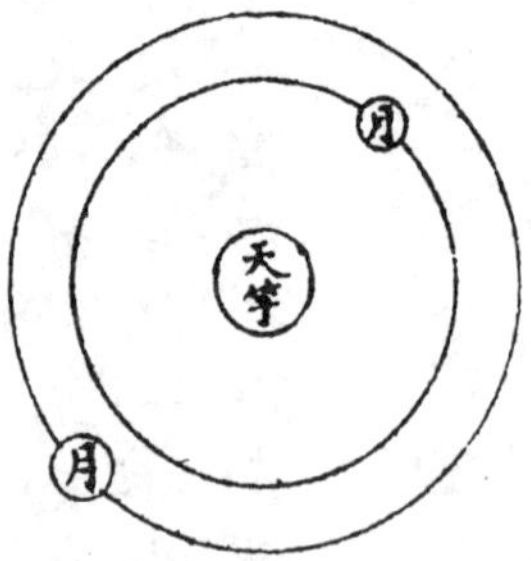

天竽之人

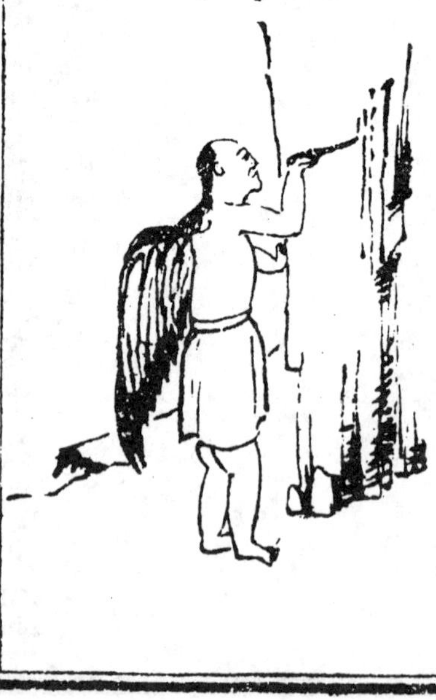

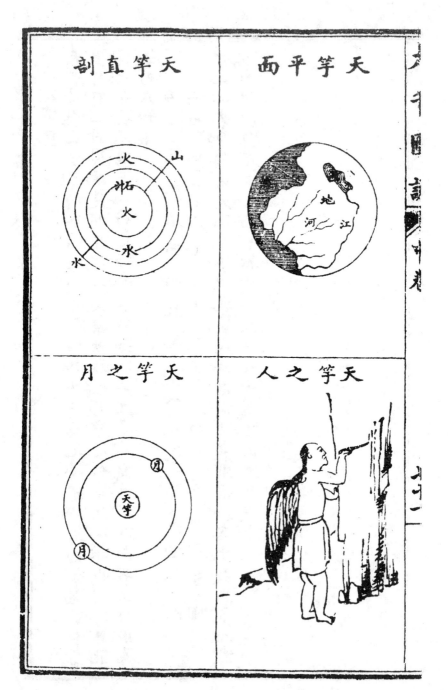

天樂星

天樂星。地土廣闊。無一人物。樹木叢生。山水俱全。誠寶田福地也。此星尚在寅會之初。開天闢地以來。尚無人物。若再歷五千四百年後。寅會之中。即有人物矣。有二衛星。亦無人物。氣候甚熱。生人必偉。其直徑長十一萬五千八百里。其二衛星中。各有山水。亦當有人物。直徑各長二萬三千餘里。此天樂星也。

天樂平面

天樂直剖

天樂繞南極

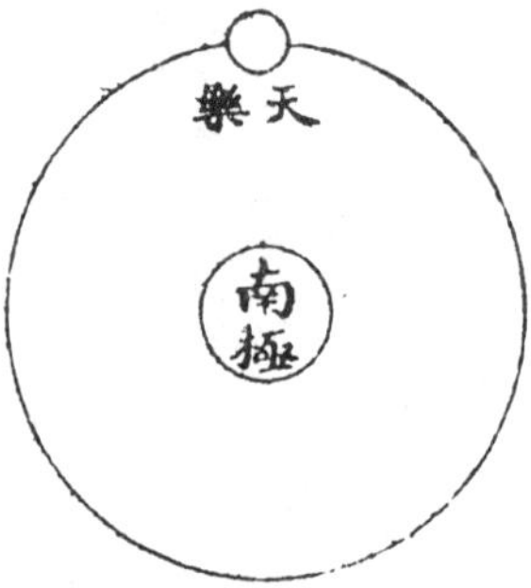

天樂之月

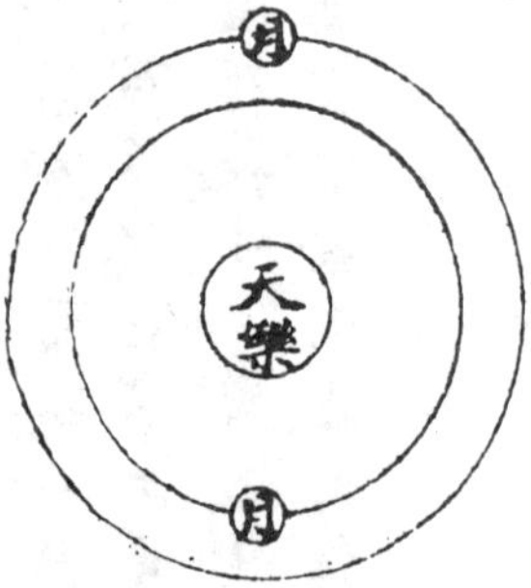

天竿星

天竿星。人有三種。皆為初生。一種紅面綠睛。氣象凶猛。背有硬甲。頭有一角。力移山岳。聲震天地。以草穿樹葉為衣。風氣不開。尚無文字。今其人統計有五千八百餘。其時尚在寅會之末。故如是之寥寥也。旁有三月繞之。陸多水少。地廣人稀。其直徑有五萬八千餘里。此天竿星也。

天竿直剖

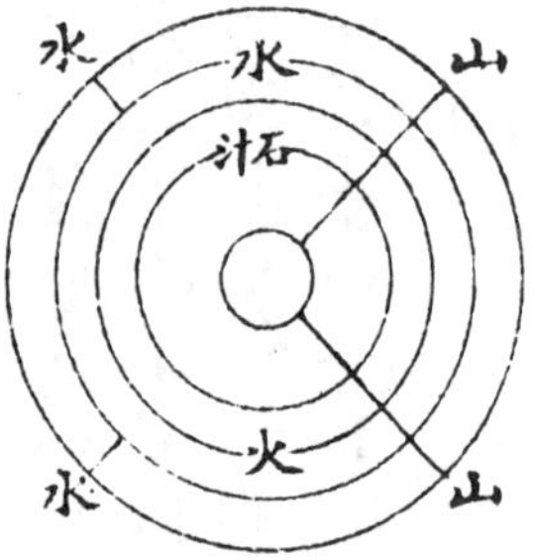

天竿平面

天竿之月

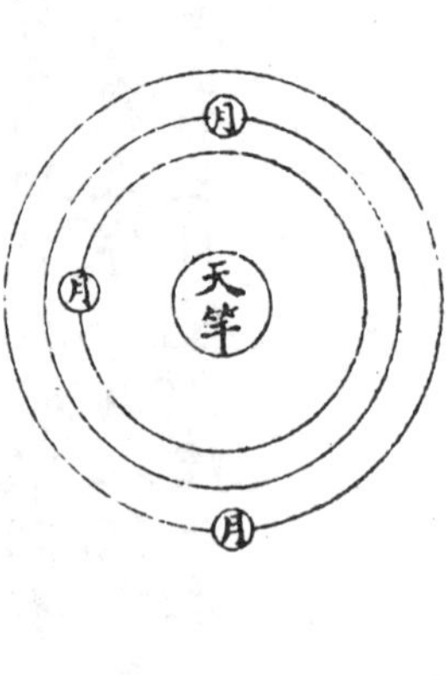

天竿之人

中卷終

下界論

下界者鬼關也。凶惡之氣之所結成也。無常形。無常質。出於星球實質外。其中黑暗杳冥無纖隙光。寒氣襲人。陰風刺骨。凡衆星系之各星球惡人死後為無常有分。二鬼役句入其中。惟修德積善之人。則不到此也。且夫地獄者。原星球一切人民生前罪孽之現相也。人民無數。所作之罪孽亦無數。即所現之地獄亦無數。然可略舉其大概也。首孽鏡臺。次刀山。黑暗。剝皮。抽腸。火坑。血池。車裂。拔舌。寒冰。幽枉。以及油鍋。斲都。磨推。碓搗。脫殼。弔筋。稱杆。阿鼻諸獄。又有轉輪處。人固習聞而共知者也。或曰。人死則氣為風散。已無跡相。陰司將何處施刑。曰人死為鬼。鬼死為聻。聻死始無。人死尚有魂在。何能即無。近人動言聖人凡人。及問聖凡之分。究屬安在。則多莫能言其所以。詎知耳目祇能視聽近與明者。則謂之凡。身心祇能為常人所能為。知常人所能知者。則謂之凡。至聖人之稱為聖。不過以其耳目能視聽遠與幽者。身心能為常人所不能為。知常人所不能知者而已。倉聖造字之時。凡屬實字。必先有是物。而後造是字。設天帝鬼神魂魄等事。若果無之。則倉聖必不肯憑空結撰。故意揑造以欺人也。既有此字。則倉聖當日必先見之聞之。而後因之以立名也明矣。然則魂果何物乎。曰魂之為物。因人為轉移。煉成純陽則為神。造於純陰則為鬼。鬼即佛之所謂中陰是也。其身不過二尺五寸。遠眎則一團黑氣。近視則微有形質。五官百骸均似生人。隨肉體而變。因生前而化。所以然者。乃脫去凡形凡質之肉體。而更成為靈形靈質之氣體也。純陽之神。陰陽相反。故能見之。將死未死已為純陰之人。二陰相合。亦能見之。惟半陰半陽之人。不合不反。則不得而見之也。或居純陰之地。間有微見其形者。其生前性命雙修。已證天仙金仙神仙者。陽神由頂門而出。其大忠大孝。大節大義。及有大善事者。死後魂由口而出。自有天神護引。直達天堂。不必言矣。其平常忠孝節義。及平常善事。而無十惡八邪者。死後魂亦由口而出。自有地祇護引。至冥王處。再令一殿冥君。送升天道。惟地府仍未除名。福盡仍墜。其善惡兩平者。魂由臍而出。從羊腸細路。隨陰風轉至一城上有七大黑字曰幽冥下界鬼門關。入城至一門。大書黑字曰死路。又至一殿曰。幽冥王宮。又至一處曰一殿冥君追魂府。查其善惡。已足相抵。即徑發至十殿冥君轉輪處。令其轉生。其善少惡多。及純惡者。魂由穀道而出。至一殿孽鏡臺前。照出生前所作之惡。按罪發於各殿冥君覆勘後。始送至各地獄。以受刑焉。大約鬼有六十餘種。今舉大概、曰青面鬼。赤面鬼。牛首鬼。馬面鬼。以至句死縊死溺死燒死等鬼。均可按其形以繪焉。如科學家終信不及。請仍以科學照相法試之。法用過百五十年之檀香木。沉於海內或河底。俟月蝕時。取出曝乾。按法作成一小車。上用黑鉛作成一竿。緣緞為旗。墨書陰字。冥間文字另有一種形式須照其式即書之竿上有鋼球。內置陰電。在於黑暗室中。不透空氣。地下掘一穴。可以通外。即將旗一搖。頃刻聞有風聲至。是鬼來也。速塞其穴。用照像法照之。及完開穴用火一照則去矣。惟室須用墨塗壁。車必以漆髹之令黑。切記萬勿與鬼談。恐受其氣以致病也。或曰。塵界之人。有真實身軀與刑具及官役。故能施刑與受刑。而冥界無真實身軀與刑具及官役。安能施刑與受刑乎。曰。塵界與靈界異。肉體與氣體殊。而其知苦知樂則同也。何也。苦樂皆魂識受之。而血肉不與焉。不然。人之初死。尸身依然設仍以極刑加之。彼亦不覺其苦矣。此何以故。魂已離身也。是生固以魂為苦樂也。即死仍以魂為苦樂也。人不知死亦不知夢乎。醒小生也。夢小死也。生大醒也。死大夢也。至人無夢。故亦無死也。醒有飲食男女。宅宇物品。罪福苦樂。而夢亦有之。可知生既有飲食男女。宅宇物品。罪福苦樂。而死後亦必有無疑矣。夢既不覺為夢。苦樂覺與醒同。即死亦不覺為死。苦樂仍覺與生同也。且醒雖知為醒。而苟回憶過去之事。一無所據。與夢無異也。即生雖知為生。而苟逆推未來之境。一無可着。與死無殊也。生也。死也。醒也。夢也。
一也。季路問死。子曰、未知生焉知死。可見知生即知死也。張子曰。生順則歿寧。
可見生不順。則歿不寧矣。又何疑死後之受刑與冥吏之施刑乎。至幽冥王各
屬。乃聖神仙佛之有大悲大願。及人生前不犯十惡八邪。併有功德於民歿後
奉上帝命。及冥王命。司冥職者。乃陰中之陽。正 小子 所樂為詳述者也。

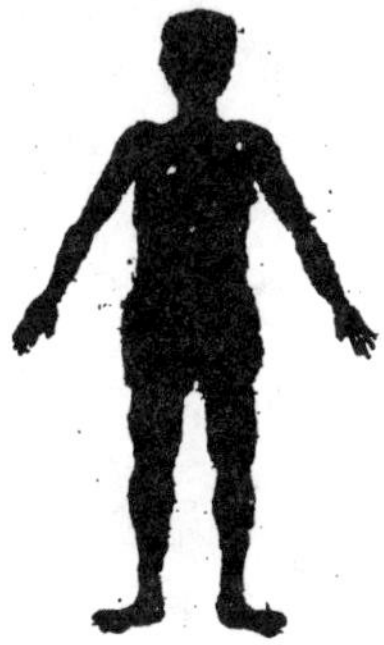

近視鬼氣圖

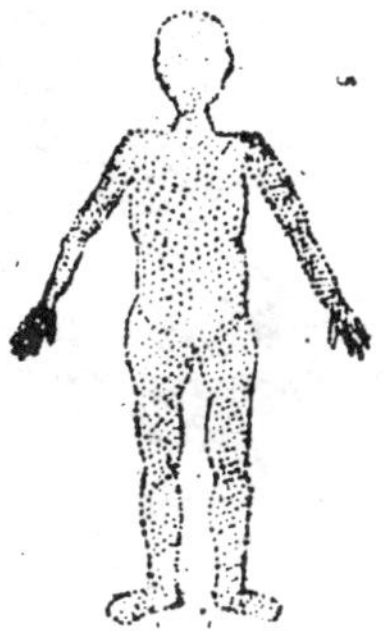

遠視鬼氣圖

勾死鬼形

縊死鬼

鬼車圖

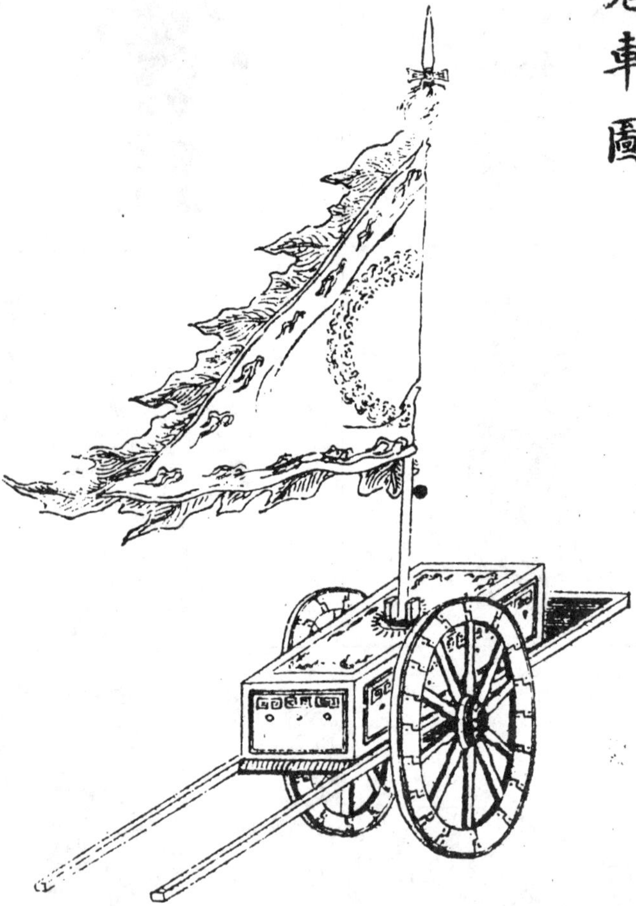

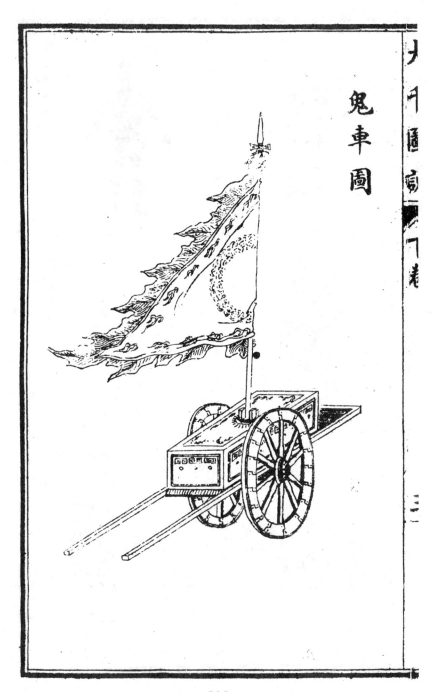

下界目錄

山東歷城十歲童子江希張著併繪圖

磨推獄
磑搗獄
脱殼獄
弔筋獄
稱杆獄
阿鼻獄
轉輪處
幽冥王各屬

孽鏡臺

凡冥間一切設施。一切刑具。皆以意想而有。氣化而成。固不可以塵世之理繩也。

臺高丈餘。為翠晶所作。上懸大鏡。周三尺。徑九寸五分。金邊木底。向東懸挂。臺上有對聯曰。以鏡對心。心印鏡中。生前甚事都活現。登臺照惡。惡宣臺上。死後諸刑不留情。上有橫匾曰。孽鏡臺前無好人。乃以罪魂不認已惡。陰司不能加刑而造之也。追罪魂到其處。各見已惡。無絲毫爽差。追悔已無及矣。竊願人人趁眼光未落時。無過者固宜保身如玉。有過者當速速回頭也。

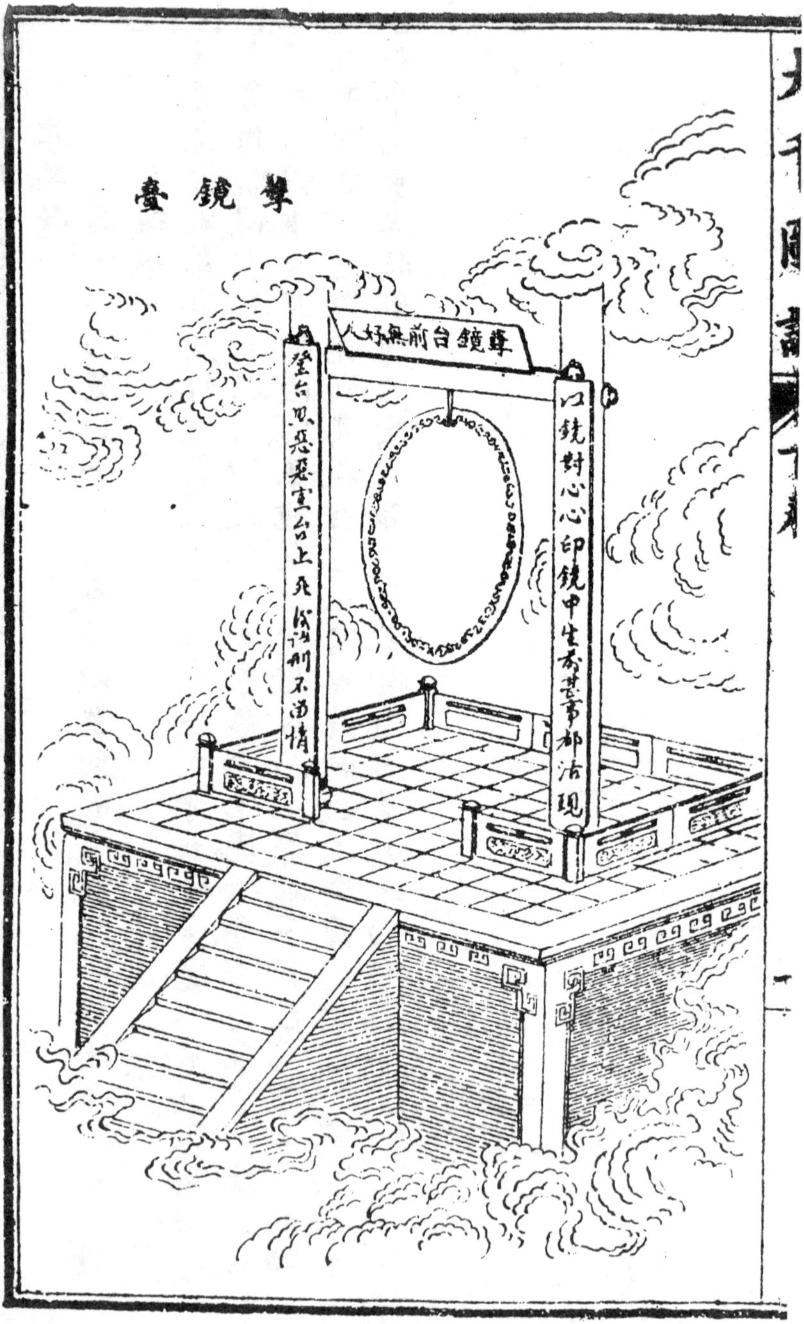
孽鏡臺
孽鏡台前無好人

刀山獄

此殺戮之孽。所現相也。獄之廣縱。一百由旬。中以大小鋼刀。輻輳為山。高丈六尺餘。鋒刃銛利。光芒耀目。不可逼眡。凡生前殘忍。敢行暴虐。如屠伯之慘酷。等商君之凶殘。屠裂任一己之私。磔射創新奇之法。為將而坑已降之士卒。作吏而誅無罪之編氓。弗計乖戾天和。祇知草菅人命。他如恣給口腹。則妄殺牛羊。諂媚邪神。則動戕雞豚。覆完巢以夭夫觳卵。結數罟則殃及鯤鮞。無故火焚山林。枯彼草木之萌蘖。為私湯灌窟穴。殘夫螻蟻之微生。以及謀殺故殺使之殺等等。罪魂到此。命鬼役拋擲其上。或穿胸。或刺股。或刃剌腹中。不一其形。肢體瓦解。慘不忍覩。至是則未有不思行慈善者。然船到江心。始從事補漏。固已遲矣。此刀山獄也。

刀山獄

黑暗獄

此盜竊之孽所現相也。獄之廣縱。六十由旬。暗如塗漆。昏不見掌。其中鬼役。各持金錐鐵棒銅釵鉛錘所設刑具。有吞火食炭。飛戈走戟。礮震鑽鑿。鋸解力對。種種酷刑。凡生前竊公共之權。而擅作威福。攫他人之績。以矜己才能。假藉公家之徵求。侵民膏以供土木之費。巧立窘急名色。取帑藏以為宴妾之需。暗將父母之儲蓄。淫賭無算。欲盜當世之虛譽。聲價自高。以及慫慂強弓。禦人於國門之外。挾彈持刃。攫貨於白晝之間。設陷阱以騙愚氓。假市沽以詐行旅。受良友之寄託。久則抵賴不還。浼知己以舉稱。終則抗拘不理。等等罪魂。到此使鬼役歷施諸刑。哭泣哀號。震動天地。令人不堪傾聽。至是亦未有不痛悔前非者。然已晚矣。此黑暗獄也。

黑暗獄

剝皮獄

此淫亂之孽所現相也。獄之廣縱。五十由旬。所有鬼役。多蜂目豺聲。髮上衝。齒外露。猙獰醜態。不堪入目。各執利刃。光芒鑑影。凡生前性情浮蕩。惟淫慾是嗜。除夫婦居室外。其或不顧蕩閑踰檢之議。秖知問柳尋花之樂。專劫香盟於機底。好調閒情於桑中。悅彼美。以踰仲子之牆。慕少艾而穴鄰家之壁。牽摟處子。啟彼終身之淫心。蠱惑婸孀。喪彼一生之大節。甚至視倫常為具文。竟如衛宣之納子婦。以尊卑不足拘。甘同鄭文之報儀妃。或陽結莫逆之交。陰則嫐其美妾。或面許赤心相助。背則私其艷妻。等等罪魂到此。命鬼役於男則先割其勢。於女則先閉其私。繼之以剜眼劓耳剁手刖足。然後再剝周身之皮。血肉狼藉。形體支解。此剝皮獄也。

剝皮獄

抽腸獄

此貪婪之孽所現相也。獄之廣縱。七十由旬。鬼役甚夥。指如鐵鈎。拳似銅錘。狼惡之形莫可名狀。凡生前欲等無底溪壑。性似窮餓豺狼。工於封殖。較夫錙銖。逞厥強橫侵牟。乃巧作市買之券。肆其貪黷攘竊。遂揑造固有之言。其或理兩造之爭端。勢已能平。非賄我而不使解決。甚或問公家之榷酤。例尚未定。即鑽營而甘為厲階。一旦為官事。聚斂以邀寵榮。剝削黎庶而不恤。藉催科以充囊槖。誹詆祖父而不問。公受苞苴。真為要錢太守。明貪賄賂。竟如十錢主簿。公庭儼同市曹。尚謂公私之交濟。法地作為壟斷。故玩法律以貪贓。總之奮私智以罔人財。舍令名而圖厚實。雖物非我有。靡不悉舉而無遺。縱出於倖邀。獨自矜誇其橐中。等等罪魂到此。命鬼役破腹頓挫。以抽其腸。徐徐不速竣其事。然後戕賊其六腑。摘剔其五臟與腸。以併飼銅狗鐵犬。此抽腸獄也。

抽腸獄

火坑獄

此嗔怒之孽所現相也。獄之廣縱一百由旬。內設數火坑鬼役拔來報往肩摩踵接。較他獄殆多四五倍。以人犯此罪者多也。凡生前第執一已之偏私屢動不時之激烈。無因而怨恣頻作。有故而忿恨愈深。誤攖其鋒。必置此人於死地始平其氣。稍拂其意。即付渠儂於法曹。乃快其心。恨天地之不公。恒惡語相觸怒師父之苛責。輒憤氣相加。甚至時過境遷。仍難平恣睢之氣。薄物細故亦必存報復之情。若或為官。假虎威以平蛙怒。一行作吏。藉公法以洩私仇。不思我之無情。祇怨人之不是。等等罪魂到此。令鬼役推擠坑中。真火焚炙。頃刻之間肢體化為灰塵矣。此火坑獄也。

火坑獄

血池獄

此痴迷之孽所現相也。獄之廣縱。八十由旬。中設血汙池數百處。腥臊之氣上沖霄漢。剌鼻難艱。凡生前昏昧無識。執著不悟。謗毀宗教為桎梏。詆禮義為網羅。目聖賢為迂腐。棄而不道。指仙佛為妄誕。去之若浼。以及不信因果不畏天災。師父藥石之言。則目為滯氣。友朋涕泣而道。則置若罔聞等等。罪魂到此。使鬼役推入池中。濡首滅頂。揚手擲足。淹死乃已。難堪之狀。莫可言窮。此血池獄也。

血池獄

車裂獄

此爾舌之孽所現相也。獄之廣縱。八十由旬。設鐵車數百輛。火牛數千頭。鬼役咅從車數。凡生前唆使兩家相爭。阻當個人為善。當面既使李代轉瞬又令桃僵。心欲鹿馬之難分。情同猶豫之莫決。捏造黑白。引誘已罷之訟。巧為譏訕。破壞將成之事。忽朝三而暮四。弗計舌端之慝。尤既為雌又為黃。尚謂皮裏之褒貶。大肆難憑之口。攪人從違。好為兩可之言。亂我心曲。胡然天。胡然帝。致令鬼哭神驚。倏爾是倏爾非。能使天反地覆。於屈直而互為更易。何異蜩螗之伎能。將真偽而交相溷淆。無殊黎邱之奇鬼。等等罪魂到此。命鬼役將其軀躰。縛於五車之上。以鋼鞭御火牛。各向一方。俄頃則碎尸萬段矣。此車裂獄也。

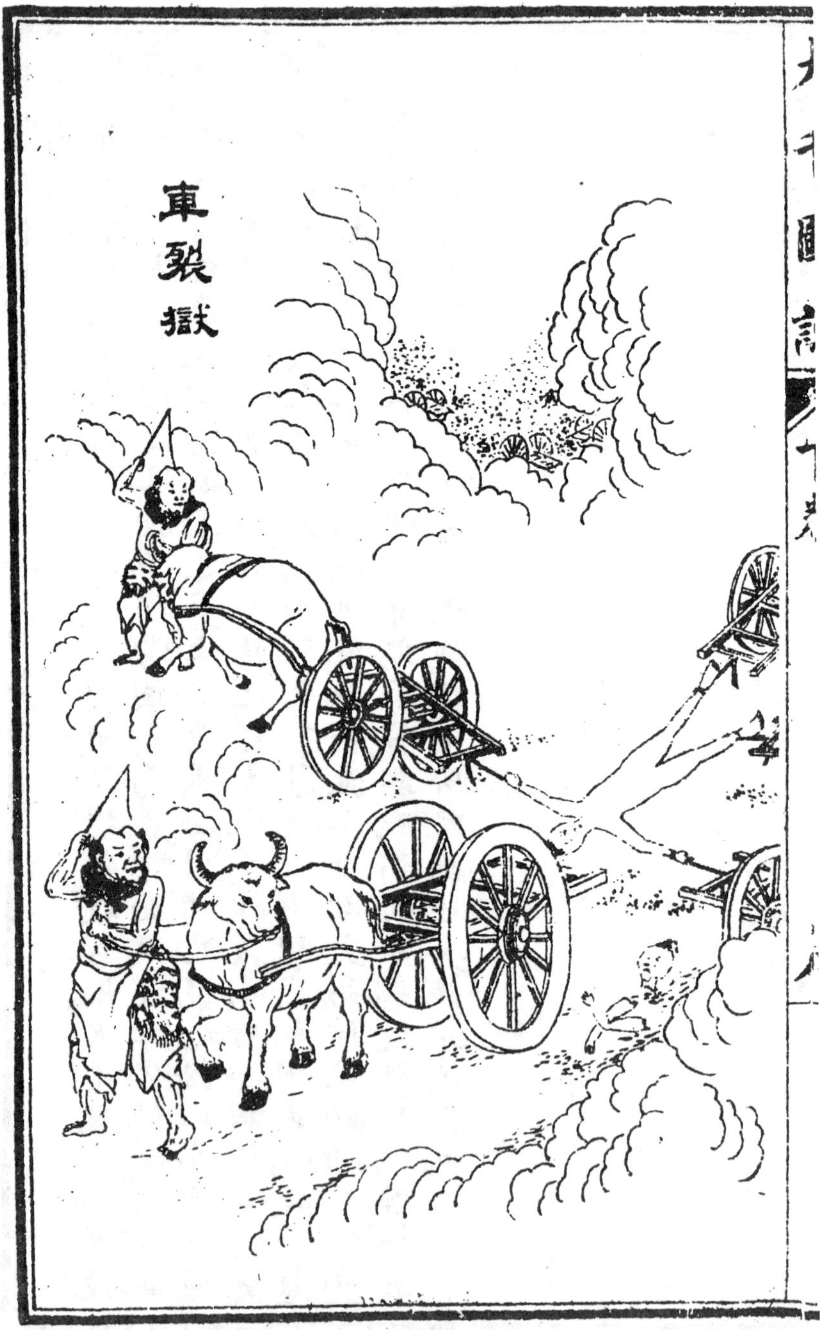
車裂獄

拔舌獄

此惡罵之孽所現相也。獄之廣縱。七十由旬。鬼役洶洶如狂寇。令人不敢正視。凡生前不守口戒。肆無忌憚。悞觸逆鱗。頻呼爲傖父。稍拂私意即叱爲役夫。怨風雨之不時。故詛天地以洩憤氣。爲鵝鴨之細故。遽訾比隣而有惡聲。不類張旭之名顛。敢藉顛狂。以侵侮夫長上。那同灌夫之縱酒。偏恃酒凶以誹詆夫友朋。或以時勢之不我留。則時常詆訶。無殊豺狼之性。或以父母之不我愛。則當前詬誶。恰似梟獍之情。等等罪魂到此。命鬼役縛於柱。搤其肮。則舌出如葉。以鈍刀徐徐割之。人不忍覩。此拔舌獄也。

拔舌獄

寒冰獄

此綺語之孽所現相也。獄之廣縱。五十由旬。其中冰山無數冷侵肌膚。凍裂股體筆難罄述。凡生前樂道人秘戲之事。好談人中冓之言。著淫蕩之詞。敗壞斯世風俗。創艷麗之曲。開啟年少淫心。無端而於婦女前。故為謔戲之語。有心而與子弟輩。專為褻瀆之論。過事吹噓陰行。驚駭宇內。巧為虛誕書報。惑亂人心。雖有不容已之情。而陰隲有損。縱實屬平情之論。而忠厚已傷。等等罪魂到此。輕則處於冰窖之中。俾其體常受皴裂。重則壓於冰山之下。令其身永不翻騰。此寒冰獄也。

寒冰獄

幽枉獄

此妄言之孽所現相也。獄之廣縱。八十由旬幽深莫測。枉曲無比。中有機弩懸刃。不可算數。凡生前不務真情。惟事妄誕。飛短流長。造言生事。慣作邪僻之說好為荒唐之言。討論世情。則無中生有。品評人事。則節外生枝。取信於訂盟。自欺方寸而不計。求直於詛呪。敢對神明而昧心。逞我機鋒。借詩書以謔戲。供人笑樂。儕老成於蠢愚。妄譽奸究為莫明。助彼一生敢行大逆之事。倏予貞節以不韙。俾其終身曾抱莫白之寃。等等罪魂到此。令鬼役抉其脣。落其齒。然後推擠獄中。觸機則箭攢於身。刀著於體。痛苦之狀。莫可名言。此幽枉獄也。

油鍋獄

此不孝之孽所現相也。獄之廣縱。一百由旬。設金銀銅錫鐵鍋數百事。注油於中。爐火薰熾。滾滾鼎沸。不可逼近。凡生前漠視父母。不知孝敬。罔念劬勞之苦。而役同僕厮。不思罔極之恩。而視為仇敵。與妻子則笑容可掬。對父母便怒氣相加。將悅色之謂何。竟瞋怒時現。抑柔聲之奚若。則叱咤弗辭。或貪須臾之生。甘屈節以辱親面。或為一朝之忿。頓忘身以傷親心。或禮儀既有虧於寢門。而當場猶貌為孝子。或菽水已罔承夫朝夕。而自奉則儼同富翁。等等罪魂到此。差其輕重。或向湯鑊之中。撈其筋骨。或注口腹之內。煎其心腸。燒炙焦爛。無一完膚。此油鍋獄也。

油鍋獄

酆都獄

此不悌之孽。所現相也。獄之廣縱。七十由旬。鬼役各持毒藥以飼罪魂。凡生前抵觸弟兄。戕賊姊妹。以乾餱致有鬩牆之狀。為遺產致起爭訟之端。角弓翩反。遂令虞舜有事於放置。骨肉參商。頓使周公不已於缺錡。或居處非不相偕。早已各私其財賄。或壎箎亦能入奏。不能無惑於婦言。以及輕視鄉隣。不敬宗黨。等伯叔於路人。儕朋友為過客。結黨與以謀同胞。事朋比而害同宗。等等罪魂到此查勘屬實。命鬼役迫食毒藥。不能遽死。俟毒發散。或腹內如鼎沸。或周身似箭穿。亦或頓如爆竹。全體分崩。此酆都獄也。

酆都獄

磨推獄

此不忠之孽所現相也。獄之廣縱。八十由旬。設石磨數百事。鬼役十倍之。凡生前有渝託孤之言。或負寄命之重。欺主上之藐小。頓蒙異心。為身外之貨財。擅敵賣國。己實置於死地。尚罪他人而殺戮頻加。陰實陷於泥塗。陽謂非我則首領莫保。或處閭里而少忠謀之心。或交友朋而無忠告之意。何必叛夫家國。乃為作奸。第有涉於欺偽。即屬行詐。等等罪魂到此。命鬼役投於磨中。細細研之。須臾化為血水。此磨推獄也。

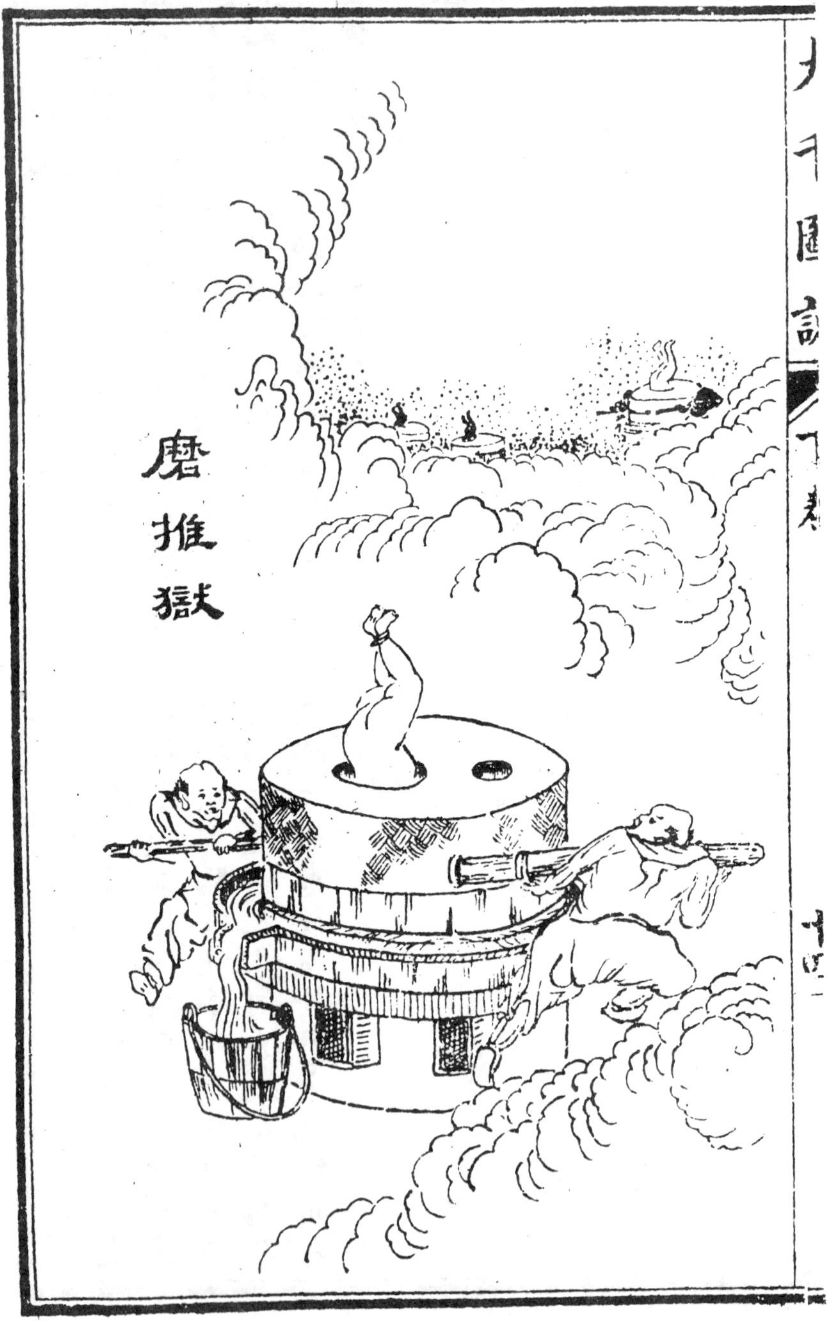
磨推獄

碓搗獄

此不信之孽所現相也。獄之廣縱。八十由旬。設水碓數百處。鬼役倍之。凡生前進接無真實之心。舉動盡虛誕之事。甘負師長之囑託。好渝朋輩之訂盟。雖則投璧要神。終不守約。縱或指天矢日。旋即食言。猶以大人自居。而謂言不必信毫無君子之德。竟是言不由衷。或有語言亦可質神明。及細思其心。無非牢籠之詐術。然諾非不貫金石。及靜驗其事。純是虛偽之奸謀。等等罪魂到此。令鬼投推入碓中。徐徐搗之。俾求死不得。此碓搗獄也。

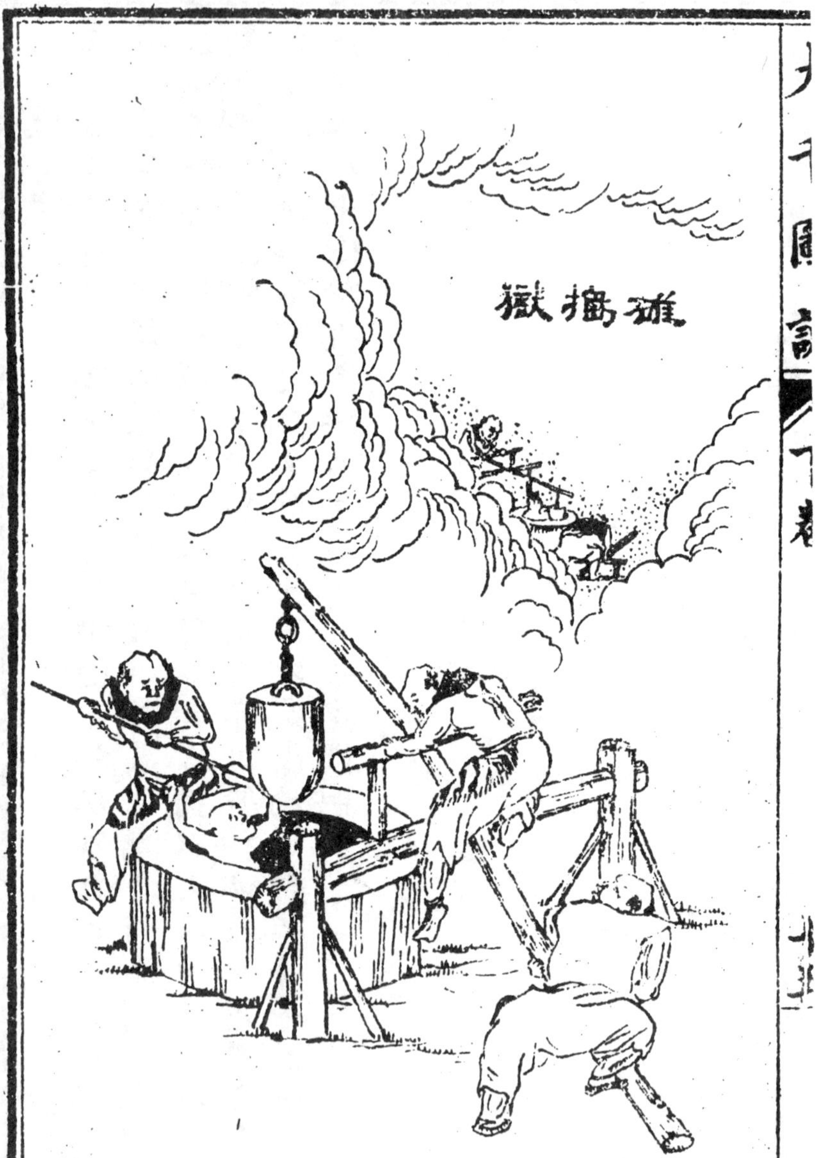
碓搗獄

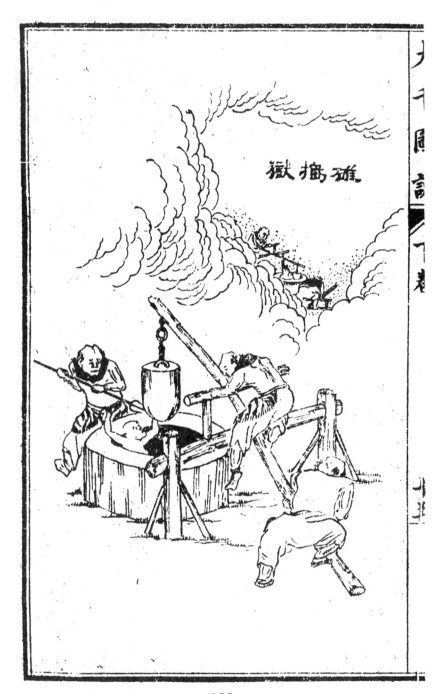

脫殼獄

此不禮之孽所現相也。獄之廣縱。七十由旬。設有劍樓炮烙之刑。凡生前陰賊善良。暗侮長上。叛其所事。欺彼無知。誘同僚以固寵希榮。訕同學為釣名沽譽。謂天地為積氣。何必特致敬恭。目鬼神為虛無。竟敢大事褻瀆。廟堂之上。不修升降拜跪之容。師父之前。而無進退揖讓之度。受人之賜而不報。猶云往來乃為虛文。念人之怨而莫忘。弗思一已之有不是。以及狠戾背義。剛愎不仁。擾亂國政。輕蔑憲法。凡此皆屬無禮。等等罪魂到此。使鬼役偪登劍樓及炮烙。以脫其殼。此脫殼獄也。

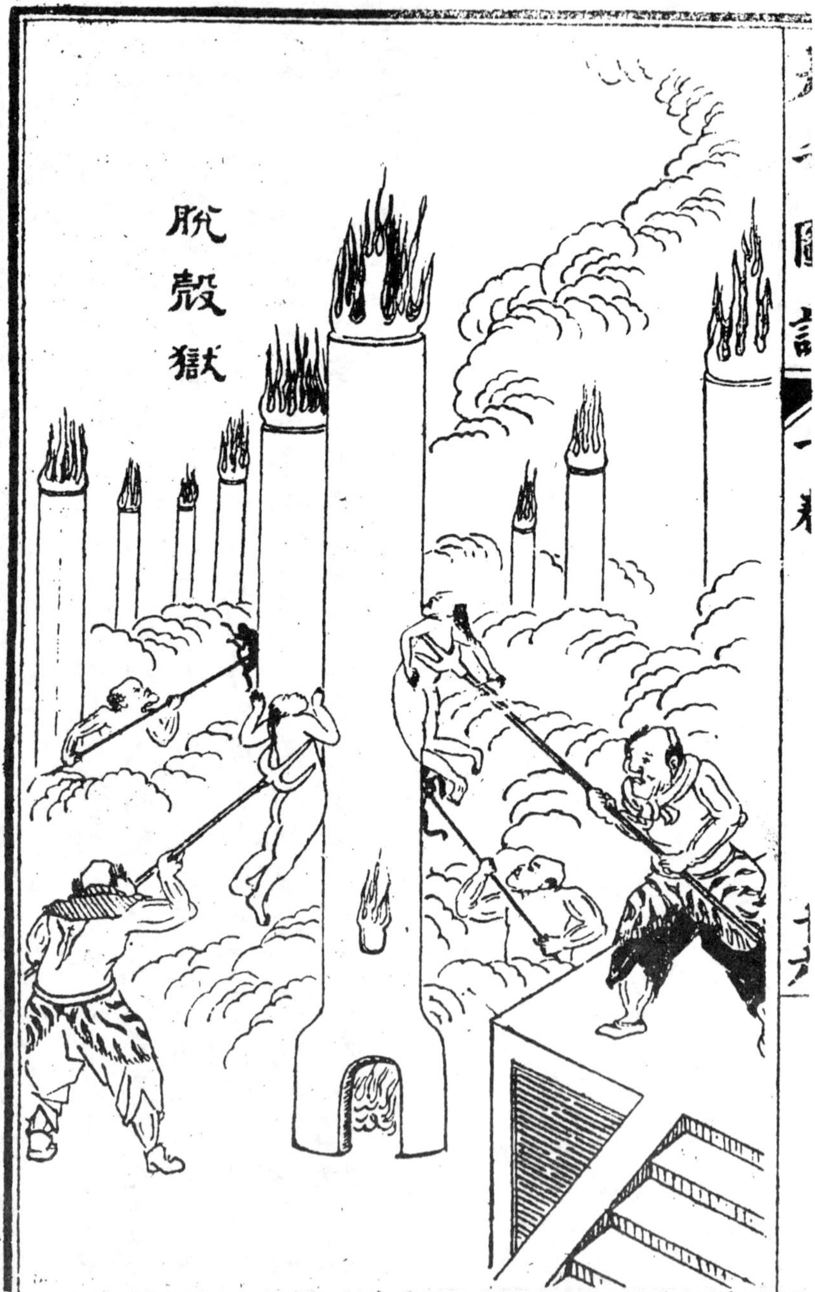
肌殼獄

弔筋獄

此不義之孽所現相也。獄之廣縱。一百由旬。鬼役多至數千。皆執鋼鉤皮繩。凶惡難當。凡生前欲人有失。毀人成功。危人自安。損人自益。竊人之善。以為我有。援人之功。以為己能。明知斯人真屬奇才。而故為挫抑。亦知此事有大利益。而甘於因循。挹彼注茲。弗計他人之痛苦。損下益上。第市一己之寵榮。施詐謀以害庸流。自為得計。藉公理以報私怨。尚說宜然。等等罪魂到此。俾鬼役縛於銅柱以利刃剔其四肢。鉤出其筋。頻挫以抽之。痛號罔救。慘苦無極。此弔筋獄也。

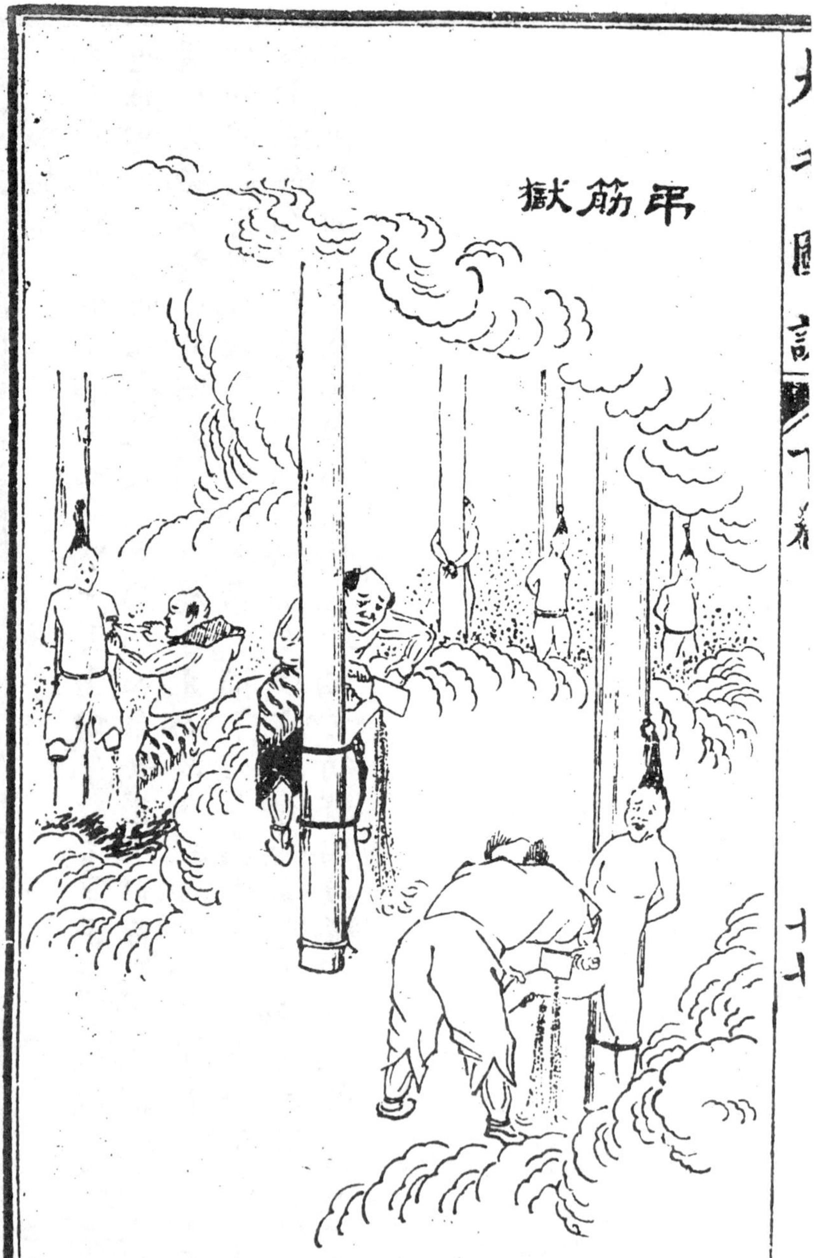
吊筋獄

秤杆獄

此不義之孽所現相也。獄之廣縱。八十由旬。設秤杆數百架。鬼役五倍之。凡生前操守不定。志節不堅。雖有見利思義之心。而才智恆役於靡麗。亦知臨財毋苟之義。而志氣每墮於紛華。外貌非不端嚴。有私囑則貪婪技癢。當場亦似清白。見巨金則愛財眼紅。明示生辰之期。而故禁送獻。以矜廉潔。真同白劫之盜。雖明有詔令。竟敢抗違。以故富有之大業堪誇。猶賣樵而鬻水。如禮之饋賜可取。竟西受而東沽。罔計德功。惟貨是好。不顧節義。惟利是求。等等罪魂到此。令鬼役逼受秤杆之刑。死而復生。生而又死。此秤杆獄也。

秤杆獄

阿鼻獄

此不恥之孽所現相也。獄之廣縱。三百由旬。設金銀銅錫鐵山各數處。均有鬼役嚴守。凡生前造五逆罪。作十重孽。明知左道為非而故為不改。好作邪術為樂。而甘同下流。忌老成之剛方。假饋藥而陰施鴆毒。誘少年以浮蕩。惜投桃而暗送秘戲。詆侮宗教禮經。禁人誦讀。毀棄聖神廟宇。逞己嚴威。以及屈膝求榮。拂鬚行媚。為微祿而舐痔。求色荒而脅肩。保全妻孥。枉屈弗計。乞憐性命。奴隸不辭。邀虛名而負書車前。圖錄用而擁帚門外。託身驥尾。傲彼庸人。以自誇。寄蹟鷹頭。任人笑罵而不顧。干索權豪之族。竟效犬嗅。遊謁王公之門。技獻狗盜。凡此冀得權利。肆其凶毒。等等罪魂到此。使鬼役壓於各山下。俾萬劫永不翻身。此阿鼻獄也。

阿鼻獄

括言

以上諸地獄。即十惡八邪之氣所變現也。地獄無根。由人自召。人苟無十惡八邪則諸地獄自空矣。長春邱真人作西遊記。謂東土距佛有十萬八千里之遙。惟悟空一舉足即至。善哉喻乎。言空此十惡八邪。即立至佛前也。何以故佛者性也。至善也。孟子曰。性善。又諺云。為善最樂。反之則作惡必最苦。不待言矣。是故至善則極樂。極樂則天堂之謂也。至惡則極苦。極苦則地獄之謂也。乃拘淺者見不到此。遂於地球實質內求地獄。且以塵界官吏與刑具律陰府。及求之不得。說之不通。乃謂各教主故以此說愚民惑衆。遂忍一筆抹去。致令天下萬世學士大夫。徒挾法制軍旅。以與人家國事。因而掃除道德。競爭權利。成為今日戰殺之世界。幾不可挽回。小子筆述至此。已涕泗滂沱。泣數行下。不禁為斯世斯民同聲一哭也。豈知本非各教主之欺人。乃拘淺者之耳不聽。目不明。身不睿。心不智。第明於塵界力運之滯。不明於陰府意運之妙。明於塵界形化之粗。不明於陰府氣化之精也。夫意則無不至。氣則無不通。若第向地質內求之。且以塵界之情理律之。泥矣。以故小子每喋喋向人。謂國體雖有君主民主之變更。而人道則無君主民主之變更。政體雖有專制共和之分別。而天理則無專制共和之分別。何也。君主固教民去十惡八邪。民主亦非教民長十惡八邪也。專制固令民去十惡八邪。共和亦非令民長十惡八邪也。竊願有立法行政司法之責者。取小子之言。一為深察。而亦肯稍留心於宗教之底裏焉。勿徒汲汲於法制軍旅之表末也。則小子又願為斯世斯民稽首頓首以謝也。

說明

（說明）孔子曰。人之生也直。罔之生也幸而免。君子坦蕩蕩小人長戚戚。未知生。焉知死。未能事人。焉能事鬼。朝聞道。夕死可矣。孟子曰。天作孽猶可違。自作孽不可活。禍福無不自己求之者。凡此皆地獄之微言也。孔孟非不欲顯言之。特以斯人中下之質居多。洞達天人性命陰陽生死之微者。百不獲一。顯言之恐起人疑惑。愈滋其罪。尚不如微言之使其自悟。久之自有入手。戒慎不覩。恐懼不聞。意中事也。乃後世儒者。不能善體孔孟微意。竟謂孔孟無地獄之說。併指道佛耶回地獄之言為妄誕。遂使學庸慎獨之說。日微一日。迄於今殆已絕滅無餘矣。孔孟在天之靈。能無痛乎。矧今荒經蔑古。權利競爭。談禦侮者徒恃兵戎。講治民者惟資刑政。究之兵戎愈盛。而國家之衰弱益甚。刑政愈繁。而官民之頑梗益烈。且也一二梟獍。反假軍人勢力。為權位之護符。法律名詞。為民意之製造。非徒無益而又害之者。誠以徒襲富強法制之外貌。而無道德的精神以貫注其間也。夫道德之精神。不端基於宗教乎。宗教之根源。不端在天堂地獄乎。今乃斥為迷信。絕口不一道。及夫亦思司馬溫公之言乎。溫公曰。上有天堂。君子死後居之。下有地獄。小人死後居之。人人恐死後入地獄。則生前必思為君子矣。至人人思為君子。則人心正。世道隆。天下自太平矣。地獄之說又何可不急講哉。或曰。佛法未入中國前。曾無一人入地獄者。漢以後有之。狃於習聞耳。妄生神識耳。曰狐突見共世子。荀偃訟晉厲公。當時佛法未入也。何以已有其事乎。究之天地萬物。莫不自無而之有。地獄特其一也。邵子曰。天向一中分造化。人從心上起經綸。釋迦曰。三界惟心。誠以心能生氣。氣能生精。精能生形。地獄固由人心以生也。孔子謂精氣為物。遊魂為變。故知鬼神之情狀。夫有狀則有形。有情則有識。有形則可施刑。有識則知受苦。所由人之寐也。雖無知。而夢則有知。夢人撻之擊之。夢中之身。無不哀號祈救者。夢人殺之戮之。夢中之身。無不戰慄失措者。夫亦可恍然於地獄之故矣。孟子謂人之所以異於禽獸者幾希。庶民去之。君子存之。庶民去則入於禽獸者。已不可勝證。即如秦將白起。坑降卒四十萬。其後身為蛇。為豕。為蜈蚣。唐相李林甫傾害善類。死後九世為牛。宋將曹翰。怒屠江城。死後百轉為豕身。嗟乎。萬惡之中。殺孽第一。孟子所以又言善戰者服上刑也。今者全球之戰。已云極矣。竊願人人皆讀孟子。而一為深省也。明乎此。則此乃述孔子孟子所欲言而未暇詳言者。詎可指為小子之夢語耶。

轉輪處

胎卵溼化為四生。天人阿修羅地獄餓鬼畜生為六道。道釋兩家後學。多能言之。然不能道其詳也。至儒家後學。非惟不能道其詳。且併謂無其事。其論人物生死之故。則專本朱文公種子由來之說。謂人物皆由氣聚而生。氣散而死。固無所謂靈魂輪轉投生也。如果有魂投生。則人與禽獸。尚可以理強為附會。至於昆蟲無邊無量。大造安有如此多多靈魂以付與耶。噫是第明於後天血氣之構造。而不明於先天浩氣之作用也。不知天地人物。皆生於無極。無極之真大而無外。小而無內。不可以思思不可以言言。微論人與禽獸昆蟲。均有知覺之物。大造付與以靈魂。即至一草一木。無知之物。亦莫不付與以靈魂。然後能由根而芽。由芽而苗。由苗而花。由花而果也。何以故。魂非他。乃大造之靈用也。即金光也。道經曰。天地之宗。萬氣本根。廣修億劫。證吾神通。三界內外。惟道獨尊。體有金光。覆映吾身。視之不見。聽之不聞。包羅天地。養育羣生。是也。釋迦成道。即喟然歎曰。奇哉奇哉。大地一切含靈。皆有金剛法性。特以妄想遮著。不能證得。即謂此也。要之大道之妙。全在易之河圖。水為五行開先。然生水者。卻是金。是大造以金為原始也。此金之光。付與人物。即為靈魂。父母未交以前。此光寄於太虛。迨媾精以後。後天地水火風四大之氣。假合而成血肉身軀。太虛中先天一點金光。落於其中。方能立命。羲皇作易。剖開太極。劈破天心。最初落下一點。便成乾卦。乾為天。孔子說之曰。大哉乾元。萬物資始。乾為金。孔子說之曰。大哉乾乎。剛健中正純粹精。故孔子又曰。精氣為物。遊魂為變。釋迦養此魂以證丈六金身。故尊之曰金仙。元始養此魂以結一黍之珠。故寶之曰金丹。所謂三界無非一靈光普照而已。天無此靈光不能覆。地無此靈光不能載。人無此靈光不能生存。而人與禽獸昆蟲草木之所以分別。非以大造所賦之靈光有優劣真偽。乃以人物所得之靈光。有大小多寡耳。此王陽明所以謂孔子與各聖人。譬之金然。金之足色本皆一樣。不過他人則祗百兩千兩。孔子則萬兩耳。人得其大而多。能圓滿維皇降衷之分量。與受中之分量。故為人。禽獸得其小而寡。偏而不中。故為禽獸。昆蟲得其又小而寡。偏而不中。故為昆蟲。至草木則又得其極小極寡者。偏而不中。故為草木。不然。若無此靈光。雖草木亦不能生也。昆蟲禽獸不待言矣。人可知矣。知此理。孔子後首出發明於世者。其惟孟子乎。孟子曰。我善養吾浩然之氣。夫氣而曰浩然。則非後天口鼻呼吸之氣也明矣。乃先天之靈光也。其為氣也。至大至剛。以直養而無害。則塞於天地之間。又曰。苟得其養。無物不長。苟失其養。無物不消。聖人知此理。故朝夕集義。以養此靈光。愈大愈多。便能超出造化範圍之外。三身四智。五眼六通。無不見聞知能。歷萬萬劫而長存。平人不知此理。不養此靈光。聽其存亡。如故如常。故半智半愚。亦迷亦悟。有所見聞知能。有不見聞知能。輪轉四生六道而不休。惡人拋棄此理。以害此靈光。晝夜梏亡。故漸剝漸微。漸微漸無。不但能力消磨殆盡。併由有知覺降為無知覺。散而為草為木。佛書云。人死為鬼。鬼死為聻。聻死始無。其為聻之時。冥間以雷火震其魂。即散而為聻紛紛紜紜。不可勝數。輪轉而為昆蟲。然昆蟲尚有知覺也。倘罪大惡極。則必雷火震之之甚。即令此尚有知覺之靈光。而亦無矣。散而為徒有生機之草木。雖有靈光。固已極小極寡。不堪言狀矣。書謂聻死始無。即謂聻死為草木。始無知覺也。豈人初死而即無知覺乎。非惟有知覺。且尚有能力。不過較生前稍遜耳。不然試以法招靈魂至。能立作詩文。其明徵也。彼云人死即無者。誠為不通之論矣。是必至聻死而後能無也。豈得以人為聻乎。然則帝宰鬼神。能戕賊分散惡人之靈魂。而使之為聻。再使聻為無邊無量之昆蟲。且使為無知無覺之草木。非帝宰鬼神。故欲戕賊之。分散之。乃惡人之殺盜邪淫自害其靈魂。自戕賊之。自分散之也。帝宰鬼神不過從而運之化之爾。明此則帝宰鬼神之以意運以氣化自然而有囹獄。自然而有刑具。自然而有誅罰。無待假絲毫勢力。不勞而理之微妙。一旦曉然矣。此乃至隱天機。開闢以來所未發。小子今竟敢以一言道破實以斯世斯人之知此理。而養其靈光者。殆萬中無一二矣。中庸曰。視之而弗見。聽之而弗聞。體物而不可遺。猶得謂昆蟲無邊無量。大造安有如此多多之靈魂以付與哉。誠以衆生無盡。先天之靈光更無盡也。彼後儒昧郤孔子遊魂為變。孟子善養浩氣之言。專依朱子種子由來。併無靈魂投轉之說。是耶非耶。何後儒之遵朱子家法。而不遵孔孟家法也。試問孔孟是乎。朱子是乎。或曰。如此之說。不與子息戰論中精氣為物篇。自相矛盾乎。曰佛不云乎。即識即智。在佛為智。在衆生為識。道不云乎。即人心即道心。在聖為道。在凡為人。前之言魂。就衆生與凡言之也。今之言魂。就佛與聖言之也。故精氣為物篇。言魂之處。皆不加以靈字。而此則加以靈字也。靈魂與魂之分別。猶之摶土為坯。坯則未經爐火煆煉之土也。入水則泛濫矣。磚則已經爐火煆煉之土也。入水愈堅清矣。是故至聖由水精天降。太上由兜率天降。釋迦由種民天降。耶回由彌羅天降。皆生知安行。不待教化。而自無不善。以其後天之魂。依然先天之性。不少變轉也。其衆生與凡則不能矣。

以其後天之魂。已非先天之性。早變轉矣。一點靈光。已由內放諸外矣。學人於此。能使後天。復變轉為先天。一點靈光。復由外以歸內。則即所謂直養無害。亦即所謂金來歸性初也。孟子又曰。學問之道無他。求其放心而已矣。人能知此。則王陽明全書奧妙。可於此盡得之矣。或曰。如此之說不又與子至聖至神。金仙大佛。脫出輪迴之說。相矛盾乎。曰。輪迴者。為陰陽五行所驅遣。死生不能自主也。孔老佛耶回。死生自主。來去自由。動不忍之本心。特降塵世救衆生苦難耳。俟願償行滿後。仍歸於本位。無所謂生。亦無所謂死。今雖肉身俱朽。而性身固同住太清也。何得目為輪迴乎。小子今於胎卵溼化四生之皆有靈魂投轉固己發其隱矣。請再言六道。首天道。欲界天。色界天。無色界天。二十八天是也。其上各天。則超出罪福之外。不在輪迴之內者也。至聖至神金仙大佛方能到此。其餘地仙人仙鬼仙。皆尚不能脫輪迴。是謂天道。人有陰功苦行。轉輪冥王。則送升天道。俾享天福。次人道。凡人善多惡少者。則使仍轉生人中。得富貴壽考之報應。善惡兩平者。則使得飽食暖衣之報應。惡多善少者。則使得饑寒困苦之報應。次阿修羅道。凡人具大本領。適值國亂政衰之時。貪享安閒庸福。不思出而設法撥轉。及見聞個人急難。力能拔救。而坐視不顧者。殁後則罰入阿修羅道中。為毒龍蛟狐山妖木精水怪土靈等類。日事戰鬬。不得安息。次即地獄道。如上所述刀山各獄是也。次即餓鬼道。凡人生前獨享富厚。不思佈施濟饑救寒。及享用過度。毀滅天物者。歿後則罰入餓鬼道。俾其受饑寒凍餓而死。次即畜生道。凡生前無故屠殺生靈。過慘過狠。及借債不還。坑騙財物。或淫慾過度。瀆亂倫常者。歿後則罰入畜生道。俾其為牛為馬。為驢騾豕羊等等。或被人殺。或為人役。痛苦畢生。莫可告語。是為六道。除天道外。人道。阿修羅道。餓鬼道。畜生道。則皆俾飲迷魂湯。忘其生前。恐其記憶。受苦不堪。將自傷其生也。此轉輪處之大略也。

轉輪處

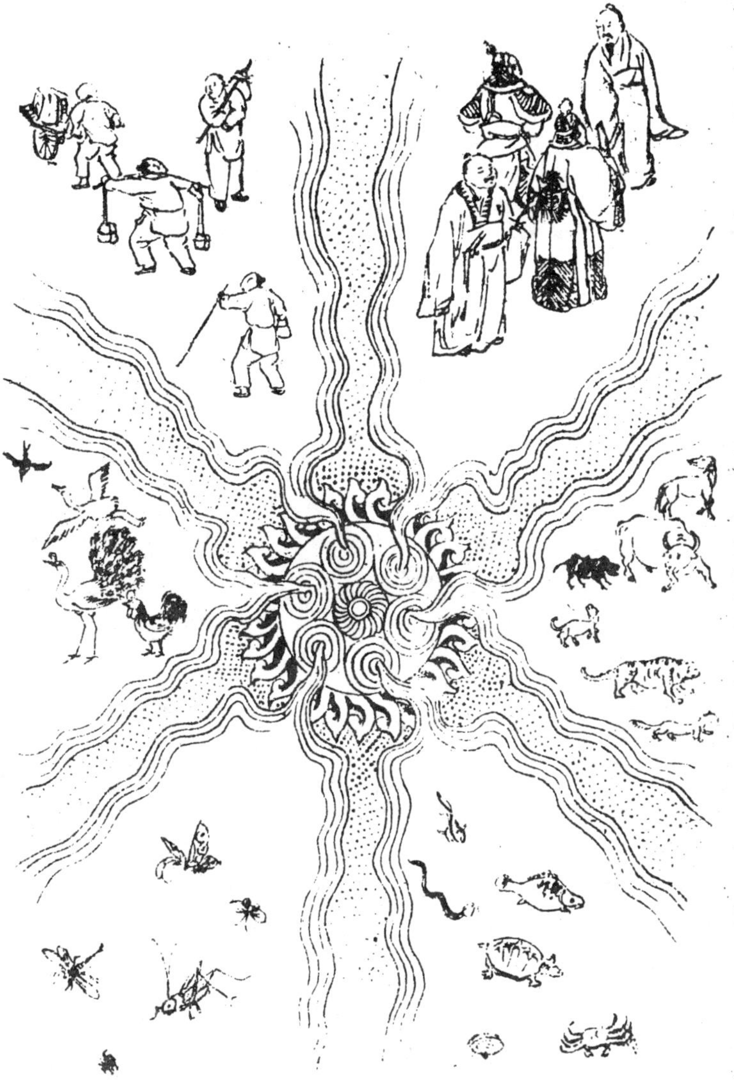

幽冥王各屬

幽冥王下界之主宰也。總理衆星系之各星球。一切人物生死。仰承上帝紫微五斗之命令。發於十殿冥君以分理焉。又有衆星諸系各各星君。及七十二司。與城隍土地門灶各神。無不為其統屬也。其所用文字與所居宮室。無殊上界。雖居下界。而各各神祇所居之處。常常光明如上界然。乃陰中之陽也。凡人一生功德昭彰。斷事分明。而未修成陽神。或為官吏。而待民有恩德者。身歿之後。冥王申請上帝。封為地祇各職。令掌理各地之事務。若生前强壯軍民為國而死者。冥王留之各獄中。充當獄吏。管理用刑等事。又有陰廚作食物。以食有職者。至他鬼則不能得也。此幽冥王各屬之大概。

幽冥王屬

〔說明〕或曰。如上之說。其於釋道則合矣。其於孔耶回則不合。將如何也。曰。與儒雖不明合。固暗合也。與耶回雖外式不合。而內義亦合也。何以故。孔道佛耶回。固皆言有神也。不過一神多神之分別耳。然究非如今物質派。無神之說也。孔道佛為多神。其理博。猶云國有總統兼治一切。更有各部各省各道各縣各區各長官以分治也。總統固須敬服。各長官亦不可慢也。耶回為一神教。其理約。猶諺云家有千口。主事一人。家主既允所求。其餘子姪輩自不敢阻也。家主必須單獨敬服。而子姪輩不妨從簡略也。是多神一神。均有益於世道人心。而迥殊於無神學說之有害於世道人心也。至於信仰則宜各仍舊貫。加之保護擴充。中國則宜查照歷代大祀中祀羣祀典禮。行之惟謹。而於城隍出巡一例。尤足以怵人觀聽。宜任民便。勿予厲禁焉。其所有寺廟庵觀。除淫祀無稽外。其餘凡載在神仙綱鑑。及各教經典者。均宜由地方長官。力事保護。聽民擴充。設有無知。妄加毀壞。及假公義名目。剝削以充私囊者。均宜按律認真治罪。誠以崇古人。即所以勉後學。猶各國銅像之立也。則滅神即不殊於滅人。維神亦即所以維人也。至中國之信仰耶回者。亦當力予保護。聽其服從一神。不當强迫以修廟賽會等事。以信教原許自由也。其在耶回盛行之國。則宜愈事擴充。益加敬重。雖不講牲牢酒醴之祭祀。而精神之祭祀則更時時對越無間也。雖專事上帝真宰。不及人鬼與他神。而究非無鬼無神。放憚無忌也。其有欲信仰孔道佛各教者。亦當聽其所志。不可歧視。以伐異為忠於本教也。誠以五教儀文雖不同。而其趣向則一也。一者何也。曰仁也。君子亦仁而已矣。何必同。故小子於息戰論自跋中。曾云其形式則各遵各形式。不必強不同以為同。其精神則同趣一精神。又不必強同以為不同也。惟在我中國。則尤有三大端最切最要。而當共同精研其理。以便保存奉行者。則陰曆及樂曲與經書各問題也。現在全球萬國。既同用陽曆矣。吾國自宜從眾。第念陰曆為中國數千年之精華。於授農時最稱便焉。子曰。行夏之時。使其非善。聖人肯出此言乎。且後來曆家。添置五行生尅吉凶。神煞。亦示人趨避。併提倡人宗教心之一端也。國家雖不用之。宜可聽民查閱。勿予嚴禁焉。至若樂曲一項。關係於人心風俗。尤為至切至密。孔子曰。興於詩。成於樂。孟子曰。今之樂由古之樂。又曰。樂之實。樂斯二者是也。樂則生矣。生則惡可已也。惡可已。則不知足之蹈之手之舞之。此樂所以不可斯須去身也。聖道不明。樂經失傳。陽春白雪。知者蓋寡。猶賴下里巴人。以彌縫其闕焉。惟是有利即有弊。人事通例。其始原以詩經三百篇之遺意。勸善戒惡編為樂曲。以感化人於不知不覺之中。心甚苦。功甚偉也。乃其後則漸傳漸失其本意。流為西廂金瓶梅等書。才子佳人。調風弄月。大為世道人心之害矣。此王陽明所以有改革樂曲之議也。民國成立。識者多見及於此。改良樂曲。已著成效。惟是改良云者。以其舊之不良而改之。非以舊之本良而改之使不良也。如唐太宗遊地府。胡迪觀地獄等等樂曲。本屬極良。皆大有裨於人心風俗。俾人人知元惡大懟。終不能逃於冥誅。大忠至孝。卒有以邀夫天眷。使憤者平。寃者消。鼓舞興起。仍惟善之是慕。善之是法。詎不懿歟。乃教育家以其無而為有。開人迷信之端。遂置諸刪除之例。而不知皆有而為有也。併非教人迷信也。使無此以維持人心。則陰毒莫如婦女。竊知婦害其夫。媳害其舅姑者。較昔時不知多幾倍矣。今宜仍聽流傳。併加擴充。萬勿拘新說。概刪除也。至宣講善書一項。善士周歷各城鄉村鎮為力尤大。收效尤多。如宣講拾遺、感應篇、陰騭文、功過格及一切善士。皆所以補四書五經所不及。而為勸戒中下人之金格玉律。往往演講到極端處。令人忽而涕泣。淚數行下。忽而歡笑。色飛眉舞。入人之深可知矣。況其演講此等書者。大抵皆係品端學優。存心度世之人。地方長官。鄉區董事。尤宜格外優崇。多方獎勸。萬勿拘新說。力加禁抑。以斷善人種子。所以然者。吾人宗教之心。原與有生以俱來。雖刀鋸在前。斧鉞在後。其有此等心者。亦不能使之消滅。惟是分門別户。立黨結援。且誤會妄附。襲謬衍訛。夜聚曉散。干名犯義。流為邪術。終成亂賊。故白蓮教匪。其初本係傳習晉僧惠遠修淨土法。金丹教匪。其初本係傳習魏伯陽修真命法。福建齋匪。其初本係傳習高歡夢菩薩授持觀音齋法。三者皆以無人主持其中。莠民假道惑衆。斂財招集術士。卒成鉅亂。殺人無數。設有正人君子。兼能洞達身心性命之微者。主持其中。惟使其寢饋於修性修命之說。不使其攙入邪術邪說之幻謬。何至如是耶。如今窮鄉僻村。所有秘密傳習各教。大率不本之佛。即本之道。否則儒釋道合參。其為言皆順生人深愛痛惡之情。作其希冀死後升天堂。畏懼死後入地獄以及來生之福報禍報耳。本屬勸人為善。併無凶惡妄為。但恐莠民混亂其中。而無識無知婦孺。為所誘惑。流於邪妄耳。竊謂地方長官。鄉村董事。宜按信教自由之例。曲為開說。婉為勸導。使其欲信仰佛法者。則直服從釋迦。欲信仰道法者。則直服從太上。欲信仰儒法者。則直服從孔子。欲從事儒道佛各教者。則直入北京道德學社。或入李佳白所設萬國教務聯合會。共事研究。相與有成。以遂其信仰宗教之心。而不至歧路亡羊也。萬勿不教而誅。遽以左道惑衆律治其罪。使之有懷莫訴。有冤莫白也。詩曰。牖民孔易。非以此歟。至師範高初小校。講讀經書一端。所關於種族性質。國家命脈者尤大。以此乃吾國數千年聖神賢哲之心肝精類所萃聚。而為人人之魂魄命脈也。惟經義深奥。童蒙費解。誠如教育家所言。殊不知經書原係白話。自從記者以文言書之。簡策則難解矣。今宜復其原。自無此慮。小子已於民國二年。手編論孟白話解說。呈請內務部批示。自由出版矣。雖教科書已擇經書要言採入。然所採者。多係其粗。盡遺其精。精者維何。書中所言天地鬼神魂魄等處是也。如詩所謂上帝臨汝。無貳爾心。書所謂作善降祥。作惡降殃。易所謂積善餘慶。積不善餘殃。禮所謂知氣在上。大學所謂十目十手其嚴。中庸所謂不愧屋漏。經書如此等處。殆不可枚舉。皆經之精者也。人之敬畏所由生。德育之根源也。而學校師儒。誤於外國科學家無帝神魂魄之說。恐人斥為迷信。一概棄去。此學校所以日講德育。而德育卒未發達之原因也。無根本而生枝葉者。自古未之聞也。竊願執政者。再三深思。翻然改計。有以開復之也。中國幸甚。孔教幸甚。

季路問事鬼神子曰未能事人焉能事鬼敢問死曰未知生焉知死

（事鬼神）鬼者人鬼也。人鬼者。已亡之祖宗父母也。孔子之所以不言事鬼而言事人者。因能事人。即能事鬼也。祖宗為善。死升天堂。為人子者。當保全之。俾永無墮落。祖宗為惡。死入地獄。為人子者當超擢之。俾脫離苦惱。蓋九天之上係清虛之府。住此者。稍動一私念慾念。便難駐足。所以必賴人子之光明一一徧照。使祖親心性常常光明。方能永無墮落也。地獄之中。絕無輕刑。人有大惡而未受官刑抵罪者。即受種種苦惱。永不得脫。必賴人子之功德。始能超生也。孔子又曰。君子上達。小人下達。人子有一分下達。即牽引祖親元氣入一分九地。有一分上達。即牽引祖親元氣。升一分九天。下達之極。即牽引祖親元氣。入於極下。幽暗沉淪。永為下鬼。上達之極。即牽引祖親元氣。升於極上。正大光明。同成上聖。此乃事鬼之道也。神者純陽也。有由修煉而成者。有由功德而成者。性命雙修。克己復禮。克己即盡性。復禮即至命。所以萬劫不壞。變化無窮。是為金仙。苦行未滿。功德未全。能歷一元。是為神仙。無有功德。惟勤修煉。千年不死是為地仙。專事煉精化氣。不能煉氣化神。數百年不死。是為人仙。好生惡殺。存心公平。不犯十惡。不作八邪。身死之後。居於名山洞府。是為鬼仙。故事神不必謂。不必呢。只能行神之所行。為神之所為。乃事神之要道也。(知生死)孔子之所以言生。而不言死者。因知生即知死也。生植惡因。死即結惡果。生植善因。死即結善果。生如此。死仍如此。蓋死非死也。不死不生。生非生也。不生不死。若欲知其詳。請觀小子息戰論中。原始反終。故知死生之說。篇可也。夫人稟天地之氣。日月之精。山川之秀。河嶽之靈而生。然肉身皆由父母。人雖有此身。而自不知其身。雖有此魂。而自不知其魂。皆曰己身生於父母。父母生於祖宗。而不能知祖宗生於何人。靈魂生於天地。而不知天地生於何物。蓋無論天地祖宗。皆生於無極天之氣為精。地之氣為血。精變為骨。血變為肉。金之精為肺。木之精為肝。水之精為腎。火之精為心。土之精為脾。由是五臟生焉。六腑成焉。又有無極一點靈光。入其中以為主宰而成人也。不然。取父精母血置於器中。設法經營。埋在地內。三年而人長成。惟甚蠢愚。壽只三歲而已。乃有魄而無魂也。若以法招靈鬼至。能知人事。作詩詞。惟無實質耳。乃有魂而無魄也。設仍以法招鬼至生人之所。用法以火蒸。血為氣。令鬼食之。如此一年。再向日中曝之。午後乃已。又至一載。使與生人共寢。日以猪血飲之。三載後。以肉啖之。則骨肉更生。成生人矣。設欲其死。即用化學法。將地水火風四大之氣。各置一處。則骨肉靈魂皆無。仍歸道山矣。由此觀之。生死無窮。輪迴無盡。若不速升二十八天以上。出歿生死海中。終無出頭期也。

叔孫武叔語大夫於朝曰子貢賢於仲尼子服景伯以告子貢子貢曰譬之宮牆賜之牆也及肩窺見室家之好夫子之牆數仞不得其門而入不見宗廟之美百官之富得其門者或寡矣夫子之云不亦宜乎

智小者不可以謀大趣卑者不可與談高朝菌不知晦朔蟪蛄不知春秋井池不能較以海洋溝渠不能比於江海夏蟲何足語以冰雪犬馬何足教以文字井中見天非天小也洞中窺日非日無也不可以己之所不知而以為天下所必無不可以己之所不見而以為天下所不有豈知世界之理無窮愈推愈大世界之物無盡愈製愈精知其一不知其二知其小不知其大知子貢之大賢而不知孔子之至聖愚矣蠢矣迷矣痴矣乃自掩其兩目以觀日月與日月有何損哉不過己不見耳叔孫武叔之毀仲尼者以其不知仲尼也所以賢子貢者以其知子貢也俗語曰真人不露相露相不真人孔子之道德隱而不發子貢之學問發而不隱豈知發者為皮毛隱者乃腑臟也子貢言不知必自知之矣然猶謂終日戴天而不知天之高也終日履地而不知地之厚也賜之事仲尼猶渴操壺杓就江海飲滿腹而去又安知江海之深乎此子貢所謂己牆及肩而孔子之牆則高數仞也及肩則窺見室家之好數仞則宗廟百官之美富

不能見也。可知孔子之道大矣。嗚呼。道不明不晦。亦不晦不明。有楊墨即有孟子。有秦政即有董仲舒。有五代之衰亂。即有宋儒之發明。有元主之貶抑。即有明祖之優崇。今孔道以多多叔孫武叔之毀。又晦極矣。若不再出人救乎其間。則世界將為死世界矣。小子幸早識之無。遂不量德力年齒。思欲從尊孔諸先生後。妄想將孔教及各教之精華一一解說吐露。庶可撥雲霧而見青天。掃塵垢以顯明鏡。挽殺運而造大同也。孔教專講人道。為萬世之法則。天下之津梁。須臾難離。乃誤於訓詁辭章之學。明親真傳衰絕。中庸以為深奧。易經以為微茫。道教專講天道。為乾坤之棟柱。人物之根源。勸戒獨切。乃誤於符咒怪誕之說。清淨宗旨斷滅。道德以為消極。神仙以為妄言。佛教專講慈悲為明心見性之基礎。極樂國土之捷路。乃誤於供養莊嚴之虛文。流於頑空。絕無實際。基教專敬上帝。依賴耶穌。為人生天國之根本。其傳教尤切。乃今以譯者未能善達其意。亦多有流弊矣。回教專事真宰。清真獨露。行慈行恕。亦大有濟於世。乃今以傳者。未能廣播其說。亦多失真義矣。嗟嗟。物腐蟲生。人疑讒入。而人之素病宗教束縛其身者。乃乘此隙羣起。謂孔教為專制。不可行於民主時代。道教除黃老虛無而外。又雜以神鬼謬談。佛教義蘊雖深。按之今日時勢。已有所窮。耶回辭意粗淺。其神怪之說。又不可究詰。是直從根本上。以推倒各宗教。而令其萬劫不復矣。噫嘻忍哉。彼既甘為覆楚之伍子胥。有心人亦安能不思為復楚之申包胥耶。此小子所以皆欲為效犬馬之勞。一一註明。亦思從根本上以扶起之。誠以昔日宋儒以拒絕他教為昌明孔教。今則以融合各教為昌明孔教矣。然昌明孔教及各教。非易事也。五大教主。固已亡矣。而其精華猶存者書也。如易經道德經金剛經。及耶回兩教經典。皆有密傳心法。必待口說而始明者。而尤以神仙綱鑑一書。為五教之總滙。欲覩孔子宗廟百官之美富。非從此書不能得門而入也。惜此書經先正自開闢修至明初而止。迄今尚無人出而續修耳。然此書固非洞明於三極之道者。不能操筆也。小子竊不揣固陋。擬努力精研數年。除將周易道德各經勉強註出口說後。併從事此書。揭明月以照中天。俾人人皆見孔子宗廟百官之美富。崇仰信奉。永永無替。然未知此願果能何日償也。世有疑小子之言者乎。宜命駕衞輝府。登端木氏之堂。一為神往也。

大道之行也天下為公選賢與能講信修睦故人不獨親其親不獨子其子使老有所終壯有所用幼有所長矜寡孤獨廢疾者皆有所養男有分女有歸貨惡其棄於地也不必藏於己力惡其不出於身也不必為己是故謀閉而不興盜竊亂賊而不作外戶而不閉是謂大同

今日全球之所以不大同者。因有各國之區別。不能合而為一也。夫有分則有別。有別則有戰。原欲富國強兵。不知反為貧國弱兵。今日與甲國戰明日與乙國戰。或聯衆弱以與強戰。或聯衆小以與大戰。或以一大而與衆小戰或以一強而與衆弱戰。既取東方。又欲取西方。既取西方。又欲取南方北方。不問人馬之死傷。但計土地之廣狹。干戈大起。槍炮林立。爭殺靡有已日。非再歷九百餘年。午會正中之時。戰血戰械。不能盡弭也。今固猶值炮火極旺之時也。無論有如何本領。如何經略。亦不能消盡兵器。化為日月光也。數未過也。然物懼其極物極則返。理之必然。心者人之神明也。無所不能。特人不盡其心。斯有不能耳盡心則無不能也。太古無戰械也。後何以有。人盡心也。中古有戰械無此精且毒也。今何以精且毒如此。人盡心也。倘反其道而用之。其成效不亦猶是耶。蓋槍炮者火器也。午會者火運也。水能尅火。非水不能禦也。土能洩火。非土不能阻也。欲事消弭戰血戰械。非於水土之中。設法盡心研究。不能奏效。固非拳匪幻妄之術。自欺欺人。害家害國害天下也。然此乃小子之理想也。至欲使此成為實事。則又必經大心計家。大製造家。精研有年。慘淡經營。方能覩其盛也。蓋太古寅會之初。人身高一丈。以次遞減。知午會正中之時。人身必高五尺。輕而且靈。人可設法。如鳥飛行空中。遇火不焚。亦可設法如魚游行淵中。遇火不焚。至是則火器無所用之。人亦自不製造矣。設酉會之末。人必小之甚矣。人愈久愈小。亦愈久愈少。明矣。故生極則殺。殺極則生。六十年有一小劫。六百年有一中劫。六千年有一大劫。人不知地球。亦不知己身乎。蓋少則極旺。六十則衰。衰則死。死又胎養長生沐浴冠帶臨官帝旺衰病死墓絕也。竊知午會正中時代。必大同矣。今雖天下為公。選賢與能。而盜竊日熾。亂賊大作者。不能講信修睦也。人皆獨親其親。又有不親其親者。人皆獨子其子。又有不子其子者。老多無所終。壯多無所用。幼多無所長。矜寡孤獨廢疾者多無所養。男多無分。女多無歸。貨多棄於地。力多惡出於身。十惡競長。八邪橫生。日日相戰。年年相鬭。謀用朋興。外戶深閉。是謂大離。且各國兵器愈製愈精愈毒。開花之攻。綠煙之烈。上有飛機。下有潛艇。戰且及於天空海底。國家又從而提倡之。獎勵之。社會又從而尊崇之。趨赴之。設於此若仍從而推波助瀾。不急昌明宗教以塞其源以遏其流。極其勢。極其禍。竊恐非惟民物從此喪盡。即地球將亦隨炮火以俱去也。此小子所以願與全球萬國大理想家。大慈善家。設法公同研究。消弭戰血戰誠之妙法也。竊知思之思之。思之久。妙法必能生焉。夫有天必有人。有人必有天。缺一不能成也。隆冬而求嘉禾。后稷不能為之功。然穀雨至而耒耜興。可播種矣。然後望有秋收。孔子之時。去大同尚遠。故衹言其名義。不言其法則。俾後人知其道之不限於小康。願之惟期於大同。特當隆冬而求嘉禾。萬萬不能奏效。故不詳也。自孔子迄今。又將二千五百年矣。皆行孔子小康之道。即皆食孔子小康之福。而孔子大同之道今始思行之。故尚未得食其大福耳。此小子於撰息戰論時。開宗明義兩詩。所以即謂明道開天弭戰血傳教闢地弭戰械也。然茲事大。固非小子所能勝其任也。即文中所研消弭戰血戰械一二法。不過略窺一斑耳。其全豹則尚須全世窺也。

自跋

道德空言也。不可無是名。不能有是事。且道德每隨勢力為轉移。自古已然。於今為烈。黃帝勝。道德即屬於黃帝。假使蚩尤勝。則道德又將轉屬之蚩尤矣。要之有勢力即有道德。無勢力便無道德。痛哉莊叟之言乎。盜國者侯。盜牛者誅。侯之門仁義存。若是乎。人亦知祗貴勢力之是求。又何貴乎空名之道德。矧在太古中古時代。生齒未繁。權利未競。尚可以空名之道德治之。今者生齒太繁。權利之競已達極點。人與人爭。國與國爭。此以巧求。彼以巧應。此以力要。彼以力覆。優勝劣敗。已屬天演公例。際此時代。而仍欲以孔老佛耶回空名之道德治之。非惟欺人。亦且自欺。豈第無是理。抑併無是情。只笑談耳。非由衷之言也。況夫漢崇儒道。文弱由來。佛行蒙藏。衰微已極。耶生猶太國。而猶太國卒亡。回行土耳其。而土耳其未大。若是乎。則孔老佛耶回道德仁義之無益於人家國也明矣。後生小子。正宜乘時趨勢。發揚勢力之實事。以相與救亡而圖存。又何敢揚各宗教之餘波。自滅并致人亦隨滅也哉。不知孔子之得邦家。立道綏動。則立生其效。列子推尊老子。則曰周穆王時。西極之國有化人來。反山川。易[illegible]郭。既能變己之形。又能易人之慮。而如來演説大法。地皆六種震動。魔王宮殿自行推折。至耶氏之能立時起死回生。二魚五餅。飽數千人。回氏之終能以教強其國。今附近隣封。皆望風恐後。道德仁義之真有實用。又昭然若揭矣。故小子嘗謂言道德而有實用。則名為道德。若言道德而徒資空談。則不名為道德。而直名為腐敗。今日道學之幾至為世所禁忌者。夫豈執政者之矯枉過正哉。亦以迂濶無用。而又好是舊非新者之有以自貽伊戚也。小子迂謬。雖亦無異於人。然目覩耳聞。今日物質派之薄道德而輕仁義。遂直目孔老佛耶回。為誤國誤天下。而思盡推倒之。使其不得復行於世。則固小子所不忍袖手旁觀者也。嗚呼噫嘻悲哉。彼既思從根本上推倒之。小子自亦不得不思從根本上扶起之也。直犯時忌。不揣年齒德力。思欲息萬國之戰。而先與人為學說上之挑戰者。夫亦曰實有不得已於中者在也。茍明此則茲三千大千世界圖說之著。乃從根本上扶起各宗教。使之復行於天下萬世。以養人而事神。縱有紕謬。當亦為老師宿儒所共諒。思有以匡其不逮。俾之推行。而不忍出於黨同伐異之私。俾小子終不得償其獻曝之願也。儻終不蒙相諒。當思夫子之言性與天道。不可得聞。誨人不倦之聖人。非有時倦也。原以此固不可以識識。不可以知知。不可以言言。不可以筆筆者也。莊子曰。瞽者無以與乎文章之觀。聾者無以與乎鐘鼓之音。豈惟耳目有聾瞽哉。夫知亦有之。誠有慨乎其言之也。如仍執畫牛馬難畫鬼魔易之說以相責。小子敢請大雅速尊德性而道問學。迨德隆至道凝於身。設印證小子茲編所言。苟有一不合者。願甘受欺誑之罪而不逃也。惟小子尤有最切最要。且關係極重極大者一言。敢請於立法行政司法者之前。凡論事當以真理為權衡。作民心上之主張。萬勿徒拘於人數多寡為勢力上之主張。竟致以多數之勢力。而淹沒一人之真理。使小子茲編所言。仍如各迷信家所道。確不合於真理。則雖重責小子。亦不敢出一怨言。萌一怨念。倘蒙再三審察。確係真理。且為斯世斯民生死之樞紐。決非仍如向者迷信家所言。令人大笑。尚祈為良心上之主張。萬勿以出自乳臭小子一人之言。而忍棄之如遺。即一笑之值。亦不能博也。中國幸甚。萬國幸甚。小子幸甚。

跋

先儒謂言氣不言理不明。言理不言氣不備。世之學者。每單講理而不及氣。遂遺果報之說。以爲諄諄言此。或違聖賢之旨。不知陰陽者氣也。道者理也。氣不離理。理不離氣。易曰。水流濕。火就燥。雲從龍。風從虎。又曰。本乎天者親上。本乎地者親下。則各從其類。觀於此則三界之說。思過半矣。江生希張之著。與經旨脗合。遂誌之於其書後云。

民國六年三月

章邱陳鴻藻跋

跋

詩曰。天生蒸民。有物有則。民之秉彝。好是懿德。蓋言人人各具一太極。即言個個人心皆有道是也。王陽明所以專提致良知三字。為修齊治平。無上至真獨一無二之秘鑰也。是道也。果何道也。孟子曰。惻隱之心。人皆有之。羞惡之心人皆有之。恭敬之心。人皆有之。是非之心。人皆有之。仁義禮智。非由外鑠我也。我固有之也。特非時以操之則不存耳。惟孔老佛耶回。生知安行之聖人。不待操而自無不存。下此者雖學知利行之賢哲。尚不能無藉於操之一字。況困知勉行者乎。況民斯為下者乎。近來風俗愈漓。人心益壞。孔孟心法。失傳已久。比比者。皆孔子之所謂困而不學者也。其更不能無藉於操之一字。不待言矣。設僅從毛皮上。演說孝弟忠信禮義廉恥等等道德名辭。如今教科書之所採取。學校師儒之所演講。雖舌敝唇焦。吾亦知其不能奏效也。何以故。道心每不能勝人心。人欲恒易以遏天理。於困而不學為下之民。而以顏閔待之。授以無所勸即知為善。無所畏即不為惡之教法。是何異享酒肉之徒。以玄酒味淡。奏鄭衛之流。以太音聲稀也。其不捨而去者鮮矣。孔子因材施教之為何。胡竟率事耶。孟子述孔子之言曰。操則存。其以此乎。然於困而不學為下民。欲使皆知從事於操也難矣。究有何術以使之。曰。除再扶起已推倒之孔道佛耶回各宗教鬼神體物不遺真理。無二術也。於是而人人心中故有之敬畏因之復生焉。自然而然。不待道政齊刑。意則誠。心則正。修齊治平。次第而收其效也。乃自力闢鬼神之學說出。舉世趨之若不及。而人心敬畏之源絕矣。書曰。惟聖罔念作狂。誠哉言乎。不知全球萬國。人人之所以能生存於地球上者。以有道以維持之也。以有是仁義禮智之道。以維持之也。以有是鬼神之學說。以生發此道也。今竟將此道之根源。一洗而廓清之。則萬國人人又將何恃以生存於地球上哉。歷城神童江希張。其深知是故。而為此懼矣。欲息萬國之戰。出其手著三十大千世界圖說一書。以質於世。於以塞戰殺之源。遏戰殺之流。與斯世斯民。共遊於老之三清。佛之極樂。耶之天國。回之清真。而會極歸極於孔子之大同焉。詎非世界第一幸福歟。然猶恐人驚疑駭怪。莫能受也。故於本年春先出息戰論。以為之引。併於丙辰年春。先出手註論孟白話解說。以為息戰論之引而息戰論之秘鑰。則尤在惟天下至聖。為能聰明睿知。足以有臨一篇。以啟孔教及各教之金縢玉函。發述聖以來所未發。明此而後三千大千世界圖說一書。方可閱之。不至驚疑駭怪。莫能受焉。其心愈苦。其功亦愈偉矣。李佳白博士。

謂其為諸聖在天靈爽。特使應運其間。以昌宗教。而為全球千五百兆人之救星。山西宗聖社會公函。謂其於世界人道。共和真理。闡發無遺。當茲大道晦冥之秋。獨能精一專研。分析微茫。明羣教玄妙。俱宗儒氏。其功誠不在大禹下。非謬譽也。猶憶神童八歲時。孔道會長王君錫蕃道教會長高君東洋佛教會長譚君光鑑。耶教會長張君達宸。回教會長王君世宗。聯名呈請當道。轉請頒給大同人瑞額。以資提倡各宗教而急進行。其時當道固信弗及。而甚不為然也。觀茲三千大千世界圖說一書。不可知非阿其所好哉。宜其四歲時。陳小圃文宗。策馬行五十里。至其家面試之。即贈以會從風雪裏為爾跨驢來。後生真可畏。努力紹新傳兩詩。其五歲時。孫慕韓中丞。即以難能可貴。五齡神童。送學部考試也。乃人未親其面者。多疑為偽託。不知其於五歲時。已能面向學部唐春卿尚書。力請勿停小學讀經。竟謂其於六歲七歲時。所上爭執祀孔讀經。及貴溪張氏襲封等事。為其父兄代書擬稿。以干祿沽名。致當路批斥。報章譏諷。殊為淹歿天地特生神童。標明人身雖有魂魄輪迴。世界真有帝神管轄。俾人改悔信從。挽救浩劫之至意矣。昔人謂佛為一大事因緣出世。不其然乎。設於此仍不能釋然無疑。則當返求諸身。凡事我能庖代者。人始能庖代之。其父兄始能庵代之。竊恐茲編之出。非惟其父兄不能代擬。即外而求之老師宿儒。恐亦殊難庵代也。從可知天心仁愛。有一非常之患。乘乎其後。即生一非常之人。救乎其間也。試與誦其鐵路輪船徧五洲。天教小子再周流。耶回道佛同開化。魯兩鄒風滿地球之詩。便可以覘其志矣。是為跋。

民國六年三月

歷城劉長祥　歷城董驥元
歷城李九齡　襄平袁宗濂
歷城劉永康　博山楊樂田
濟南柴雲鵬　章邱滕子安
紹興章文華　歷城江學中

大千圖說下卷　終

大千圖說 /(民國) 江希張編著--影印本--臺北市：臺灣學生，民 78

8 ,364面；21公分--（中國民間信仰資料彙編第一輯；附錄二）

ISBN 957-15-0017-8（精裝）：全套新臺幣 20,000 元

I（民國）江希張編著 II 中國民間信仰資料彙編第 1 輯；附錄二

272.08/8494 附錄二

中國民間信仰資料彙編 第一輯

王秋桂 李豐楙 主編

大千圖說（全一冊）

編輯者：江希張

出版者：臺灣學生書局

發行人：丁文治

發行所：臺灣學生書局
臺北市和平東路一段一九八號
郵政劃撥帳號〇〇〇二四六六～八號
電話：三六三四一五六

本書局登記證字號：行政院新聞局局版臺業字第一一〇〇號

印刷所：明國印製有限公司
地址：台北市桂林路二四二巷五七號
電話：三〇八九八二〇

香港總經銷：藝文圖書公司
地址：九龍又一村達之路三十號地下後座
電話：三－八〇五八〇七

中華民國七十八年十一月景印初版

27203-附錄二

ISBN 957-15-0017-8（套）